De La Pauvreté A La Prospérité

Décentralisation
Et Développement
Economique en Haïti

Montfort Alexis, MPA

De La Pauvreté A La Prospérité

De La Pauvreté A La Prospérité

Décentralisation Et Développement Economique en Haïti

Montfort Alexis, MPA

Monfort Alexis
954-793-9297
monfortalexis@gmail.com

Remerciements

Je dois, premièrement, présenter mes profondes gratitudes à l'Eternel des Armées pour m'avoir permis de rédiger cet ouvrage. Que son Nom soit exalté.

Je présente un bouquet de remerciements à ma femme, Ferline Caty-Alexis et à nos enfants Cortney et Ashley Alexis.

J'exprime mes reconnaissances envers Patrick Eliancy (Island TV à Miami) et Alex Saint Surin, Directeur de Radio Méga à Miami, qui ont accepté de lire le manuscrit.

Je remercie Dr. Absalon Pierre, Agronome, pour avoir examiné le manuscrit et pour ses suggestions.

Je veux aussi louer les efforts de Bidry Dorsainvil, Professeur à l'Université du Nord d'Haïti (UCNH), pour ses apports combien utiles et soigneux. J'ai contacté une dette profonde envers lui pour ses sacrifices.

Mes gratitudes vont à l'égard de Mr. Amos Cincyr, Ecrivain et Brillant Journaliste affecté au service du prestigieux journal haïtien – Le Nouvelliste, pour avoir examiné le manuscrit.

Je tiens à remercier Serge Michel de La Voix de l'Amérique pour avoir lu et analysé le manuscrit.

Mes remerciements à Mathurin G. Alexis, Cortney Alexis, Erline Alexis Ashley Alexis, Jean Marc Alexis et Jeanette Alexis pour leur support moral.

Je veux remercier ces amis qui m'ont toujours apporté leur soutien d'une façon ou d'une autre: Ernst François, Directeur de Radio News Star Port-de-Paix - Alain Victor, Député Jean Mary Forestal (Avocat et Professeur), Pasteur et Professeur Caleb Deliard, Amos Cincyr, Joel Lorquet et Albott Bonhomme.

Enfin, je veux adresser un vibrant remerciement à tous ceux qui ont obtenu mon premier ouvrage titré : *Le Nouvel Etat Haïtien: Moderniser l'Administration Publique pour la Bonne Gouvernance.*

Je dédie ce livre à ma femme Ferline Caty Alexis et à ma mère Mme Georges Alexis.

Sommaire

Préface

Le leadership national est en déclin, et ses démarches posent un danger imminent pour l'avenir d'Haïti. Il est temps que les leaders locaux soient intégrés dans les grands débats portant sur la valorisation des intérêts nationaux et sur le développement économique et social du territoire à travers la conceptualisation d'une de décentralisation qui puisse redéfinir les pouvoirs publics et le système administratif du pays.

La régénération réelle d'Haïti sera tout simplement une idée utopique sans la mise en œuvre de la décentralisation politique, administrative et fiscale dont l'objectif majeur consiste à réduire la pauvreté et à établir la base d'un développement durable dans les collectivités territoriales.

La décentralisation a fait, certes, l'objet de débats intenses en Haïti durant les dernières décennies. Cependant, le résultat s'avère tristement décevant. Nos pensées, à partir de 1986, devraient s'articuler autour d'un nouvel Etat fondé, entre autres, sur la décentralisation des services publics et la gestion efficace du territoire en général. La Constitution le prescrit, mais, dans la pratique, nous le rejetons.

Pour combattre la pauvreté en Haïti, il convient de redéfinir le nouveau rôle de l'Etat en tenant compte de la répartition des attributions entre l'Etat central et les collectivités territoriales.

La centralisation des services publics à Port-au-Prince continuera de fertiliser une culture politique et administrative désuète et corrompue. En revanche, la décentralisation aidera à bâtir un avenir confiant et solide pour une Haïti **prospère**. Elle fera émerger la diversité et la pluralité dans les politiques publiques et permettra aux citoyens de s'immiscer dans la gouvernance de leur communauté, dans le choix et la qualité des services publics qu'ils méritent et dans l'épanouissement d'une nouvelle ère économique et sociale.

A travers ce livre, nous voulons inciter l'envie d'un renouveau possible d'Haïti. Une décentralisation réelle est une entreprise globale qui exige la participation de toutes les parties prenantes: le pouvoir exécutif, le pouvoir législatif, le pouvoir judiciaire, les conseils communaux, les conseils des sections communales, les organisations des droits humains, la société civile, les organisations de base, les partis politiques, les organisations religieuses et la presse. En fait, la décentralisation doit être érigée à partir d'un travail rationnel pour qu'elle soit vraiment un instrument de développement viable pour Haïti. Notons qu'un plan de réorganisation territoriale incohérent se révèlerait inconsistant et conflictuel dans un contexte politique et administratif.

Ce livre s'organise autour des éléments essentiels qui permettront d'appréhender brillamment la complexité de la décentralisation et de la réorientation des politiques publiques. Toutes les nuances y sont défrichées afin de faciliter la tâche des acteurs et de tous ceux et toutes celles qui veulent toujours rêver d'une Haïti où l'espoir et la prospérité se substituent au désespoir et à la pauvreté.

Montfort Alexis, MPA
North Lauderdale, Florida

I
Introduction

Les villes absorbent plus de la moitié de la population mondiale. Selon les projections de l'Organisation des Nations Unies, environ 2/3 de la population mondiale feront des villes leur résidence à partir de 2050. Notons que les centres d'activités économiques, sociales et politiques se jalonnent dans les villes. De ce fait, elles deviennent « les moteurs du développement » et poursuivent leur propre évolution et gestion (Vanolo, 2013, p. 4). Certes, l'importance de l'espace urbain dans le développement économique et social d'un pays commande les décideurs politiques à bâtir une ville intelligente[1], libre à dessiner son destin pour atteindre le bienêtre de ses citoyens dans le cadre d'un système unitaire.

---

[1]La notion de « ville intelligente » a été introduite aux Etats-Unis dans les années 1980. La ville intelligente est tributaire du concept de Nouvelle Urbanisation qui englobe l'amélioration de l'environnement et de la qualité de la vie dans les milieux urbains, le contrôle de l'expansion des villes et la prolifération des formes de développement inspirées par l'utilisation des automobiles (Vanolo, 2013, p. 7).

L'augmentation des populations urbaines représentera tout simplement un défi majeur pour les gouvernements qui devront davantage centrer leurs efforts sur le développement durable (Müller, 2014). Depuis le milieu du XXe Siècle, les villes ont consacré une partie importante de leurs ressources à la transformation de leur environnement physique. Ce mouvement a, certes, augmenté les populations urbaines et a renforcé les activités économiques. Cependant, à ces changements et innovations se sont ajoutés l'augmentation de la pollution, le manque d'eau potable, une faible production d'énergie, le manque d'infrastructure pour disposer des déchets et des eaux usées, l'encombrement des routes, un faible transport en commun, les inégalités sociales accentuées…, etc. (Müller, 2014).

Les changements enregistrés au niveau international ont aussi affecté la société haïtienne. La population a augmenté exponentiellement durant les dernières décennies. Pourtant, l'Etat n'a pas procédé à un examen de ses priorités pour réévaluer et pourvoir aux besoins de cette population grandissante. Au contraire, il devient de plus en plus affiché que les actions des dirigeants politiques ont compromis et continuent de ruiner le futur du pays. Il faut tout simplement reconfigurer les pouvoirs publics et le système administratif pour transformer Haïti et lui donner sa place légitime dans le XXIe Siècle.

La décentralisation est l'outil administratif, économique et démocratique viable que l'on peut utiliser pour mettre en valeur toutes les zones géographiques grâce à un plan national qui cherche à mobiliser le leadership local et à inciter la participation des citoyens dans la planification et la définition des politiques. En ce qui a trait à un plan de développement économique national, la décentralisation semble être le medium de propagation de ses bénéfices (Escobar-Lemmon, 2006). Elle permet, évidemment, la fourniture des biens publics sur tout le territoire et rend le gouvernement central plus effectif et plus soucieux à l' égard de toute la population. Selon Gramlich (1993), la décentralisation permet à un pays d'aborder efficacement les questions relatives aux taxes, aux dépenses et aux subventions tout en établissant les responsabilités de chaque échelon gouvernemental.

L'administration centrale ne détient pas toutes les ressources humaines suffisantes pour identifier et répondre aux multiples besoins de tous les citoyens du pays. Cette restriction exige le partenariat et le partage des responsabilités administratives, fiscales et politiques avec les *collectivités territoriales.* Les prescrits démocratiques font injonction aux leaders nationaux de s'appuyer sur le levier de la décentralisation en tant que moyen effervescent pour servir tous les citoyens des zones rurales. L'application de cette formule de proximité s'actualise grâce au renforcement des structures territoriales qui facilitent la fourniture des services de qualité sur tout le territoire.

Pendant longtemps, les administrations centrales de certains pays ont soutenu une certaine politique centralisatrice et discriminatoire à l'égard de certains segments de leur pays. Dans le cas d'Haïti, avant les changements apportés par le gouvernement de Jean Bertrand Aristide, être né dans les zones rurales constituait un malaise et un objet d'opprobre. Dans l'acte de naissance des gens nés dans les villes, on lisait Citoyen. Alors que les gens nés dans les zones reculées étaient traités de « Paysans ». Bien que ces connotations négatives ont disparu, mais les traitements disparates continuent puisque toutes les prestations publiques importantes se concentrent à Port-Au-Prince. L'Etat haïtien dont le rôle consisterait à promouvoir l'Egalité entre les citoyens est lui-même l'origine des pratiques biaisées.

Les gouvernements qui s'élancent dans la décentralisation font face à des challenges de taille qui réclament des interventions intelligentes et innovantes, car il s'agit de créer des espaces urbains soutenables dans un contexte politique, économique, fiscal et social.

A Colombie, par exemple, la décentralisation était motivée par la stratégie du gouvernement central de se légitimer auprès de la population (Escpnar-Lemmon, 2006). Le même journal rapporte qu'une série de protestations de la population contre des services publics inadéquats ont forcé le gouvernement à embrasser la décentralisation comme un moyen d'éliminer les préjudices.

Les villes, en effet, doivent être productives, attrayantes et innovatrices (Müller, 2014). Müller, ici, tient à attirer l'attention des décideurs politiques sur les éléments essentiels qui doivent être inclus dans un plan stratégique d'urbanisation et de décentralisation. Un plan de décentralisation doit englober, entre autres, les problèmes d'urbanisation et les problèmes sociaux. La décentralisation doit contenir des provisions concernant le transfert et l'application des connaissances techniques, l'eau potable, l'énergie, l'agriculture et l'aménagement de l'environnement.

Dans ce texte, nous abordons, en fait, les différents types de décentralisation, leurs nuances, leurs bénéfices, leurs désavantages et leur application. Une étude comparée est entamée en fonction de leur application dans les divers pays du monde. Nous mettrons, toutefois, l'accent, sur la nécessité de privilégier un processus rationnel et participatif en vue d'atteindre un produit final qui pourra résister aux différents assauts durant la phase d'implémentation. Bien sûr, le document final de la décentralisation doit être supporté par une loi qui lui conférera la légitimité et un portefeuille budgétaire pour faciliter sa mise en œuvre.

Du même coup, nous examinerons l'histoire et les initiatives visant à promouvoir la décentralisation en Haïti. Les recherches ont révélé que l'Etat haïtien est caractérisé par une forte concentration des services publics importants dans la capitale – Port-au-Prince. Il faut absolument éliminer cette tradition en privilégiant la décentralisation.

Il est évident que la pratique centralisatrice en vigueur en Haïti pendant plus de deux siècles ne répond pas aux caractéristiques de la modernité et du développement socio-économique de notre temps. La centralisation des services publics à Port-au-Prince augmente, en fait, la corruption et l'exclusion sociale au détriment des valeurs démocratiques. Donc, il faut mener des actions concrètes visant à affranchir ce pays des malveillances administratives et politiques qui l'ont succombé depuis son indépendance.

Pour qu'on puisse continuer à croire et à façonner un futur brillant pour les générations futures, il faut carrément repenser les structures des pouvoirs publics et créer une nouvelle forme de leadership collectif assis sur un système administratif et politique décentralisé et déconcentré. C'est l'occasion pour le parlement haïtien, l'exécutif, les institutions démocratiques, les organisations civiles, les organismes religieux et le secteur privé de forger l'espoir et d'incarner l'idéal d'un nouveau modèle de société juste et responsable.

Ce livre est, toutefois, élaboré dans l'optique de présenter aux décideurs politiques et à la société civile une description vivide de la décentralisation et de la gouvernance des collectivités territoriales. En effet, loin d'être une compilation exhaustive, il peut aider à comprendre les enjeux de la décentralisation et la manière de l'aborder en vue recueillir un résultat concret, acceptable et durable.

II
Survol De La Décentralisation

« La décentralisation des État-nations est une initiative contemporaine globale ...appliquée par la majorité des pays développés ou sous-développés... et propulsée par la fin de la guerre froide et par la globalisation» (Aoki, 2008, p.49). En effet, la mission des Etat-nations modernes consiste à utiliser un mécanisme décentralisé «pour fournir des services publics aux gens vivant dans des zones précises (Rotenberg, 2004). En effet, ce qui différencie les États faibles des États forts, c'est que ces derniers sont déterminés à fournir des services efficaces à leur population (Rotenberg, 2004).

Pour Rotenberg, l'efficacité des services est aussi un élément de distinction entre les pays faibles et les pays effondrés[2] ou pays en faillite. Car, bien

---

[2] Les Etats échoués sont Somalie, République Démocratique de Congo, Soudan, Chad, Zimbabwe, Afghanistan, Haïti, Yémen, selon le Fonds pour la Paix. Les pays échoués sont caractérisés par un vacuum de sécurité, l'effondrement de l'économie et un gouvernement inapte et incapable.

qu'inadéquats, les services publics peuvent être notés dans les états faibles, alors que les Etats effondrés sont dépourvus de structures administratives pour justifier leur présence et répondre aux besoins de la société. A la lumière de cette approche, il est évident que la présence de l'Etat Haïtien ne luit pas sur l'ensemble du territoire.

Divay (2012)[3] décrit le concept de décentralisation en ces mots:

... la notion de décentralisation est utilisée pour caractériser des tendances dans l'organisation interne de chaque institution publique ou dans la configuration de l'ensemble des institutions d'un pays, plus spécifiquement dans les relations entre l'Etat et les organisations non gouvernementales, ainsi que dans les relations entre les institutions centrales de l'Etat et toutes les autres institutions publiques.

Engagés à satisfaire les besoins des citoyens, les États modernes fonctionnent selon « des valeurs

---

[3]Gerard Divay est Professeur à l'Ecole Nationale d'Administration Publique (ENAP) au Canada. ENAP a publié le Dictionnaire Encyclopédique de l'Administration Publique dont Gerard Divay est l'un des contributeurs. Le Dictionnaire est publié en ligne sur le site : www.dictionnaire.enap.ca.

et objectifs nationaux» qui s'accordent aux demandes de la population (Rotenberg, 2004, p. 2). Parmi ces objectifs figure le facteur économique. A ce stade, il convient de souligner que la performance d'un pays est, en fait, évaluée en fonction de son PIB (produit intérieur brut) - l'indice de développement humain établi par le PNUD - et la notion de corruption introduite par Transparency International (Rotenberg, 2004). La notion de bonne gouvernance est aussi un facteur contributeur à l'épanouissement de la décentralisation. Désormais, le souci d'atteindre le bienêtre social a réuni autour d'une même vision commune les organisations structurées de la société et les décideurs politiques (Divay, 2012).

Tout compte fait, développement et décentralisation sont essentiellement interconnectés dans le monde moderne. Au cours des années 1980 et 1990, la décentralisation était devenue « la mode de notre époque », a observé James Manor, un brillant chercheur travaillant pour la Banque Mondiale (Stren, 2001, p. 151). Cette révolution a touché les frontières des pays à économie émergente tels que le Brésil, l'Inde, le Mexique, le Chili, etc. La Constitution Brésilienne de 1988 a consacré des pouvoirs énormes aux juridictions locales dans les domaines « du transport public, de l'éducation primaire, de l'utilisation des terres, des soins de santé préventifs et de la

préservation du patrimoine culturel et historique »
(Stren, 2001, p. 152).

L'Inde a aussi rattrapé le train de la
décentralisation au cours des années 1990 (Saito et
Kato, 2008). En 1992, le pays a décidé d'amender sa
Constitution afin de conférer beaucoup de fonctions
aux gouvernements locaux, dont « la planification
économique, le développement social et l'allégement
de la pauvreté dans les milieux urbains et dans la
forêt urbaine » (Stren, 2001, p. 152). En Inde, l'Etat
de Kerala est particulièrement vu aux yeux des
experts comme un succès remarquable compte tenu
de son progrès dans « la décentralisation
démocratique » et de la participation citoyenne dans
les prises de décisions impliquant le gouvernement
(Harilal, 2008, p. 75).

Harilal stipule que les gouvernements locaux
de l'Inde sont autorisés à investir les subventions et
leurs propres ressources dans « la formulation et
l'exécution des plans de développement » (2008, p.
75). La beauté de l'expérience de Kerala réside dans
le fait que toutes les couches sociales et les
parties prenantes ont été impliquées dans
l'articulation du plan de développement local.

*Deddy T. Tikson souligne qu'il y a quatre parties prenantes
importantes dans n'importe quel pays : le gouvernement, les
élites politiques, la communauté des affaires et la société civile.
Chaque groupe remplit une fonction spécifique dans la société. Le
gouvernement adopte les régulations et joue le rôle de
facilitateur entre les autres acteurs en vue de créer une société*

centrée sur le bien-être social. Les élites politiques forment le gouvernement, formulent les politiques publiques et sont la source du leadership. La communauté des affaires entreprend les activités économiques, crée des opportunités favorables à la création des emplois, offre des prêts aux individus et paie les taxes dont le gouvernement local utilise pour répondre aux besoins (2008, p. 39).

En effet, les juridictions locales indiennes sont chargées de promouvoir « *a) une administration responsable et démocratique; b) la provision des services soutenables aux communautés; c) le développement socioéconomique; d) un environnement sécurisé et salutaire; d) la participation des communautés et des organisations civiques dans les affaires gouvernementales* » (Stren, 2001, p. 152).

Au Ghana, ancienne colonie britannique devenue indépendante en 1957, la décentralisation tend à achever trois objectifs primordiaux (Ayee, 2008, p. 234):

1) Promouvoir la participation populaire dans le processus de prise de décision ;
2) Promouvoir une gouvernance réceptive - plus rapprochée des gens – au niveau local;
3) Améliorer l'efficience et l'efficacité de la machine gouvernementale en général

à travers le processus de restructuration des institutions.

Cependant, soutient Ayee (2008), le processus de décentralisation au Ghana s'est heurté à des barrières politiques au cours de son démarrage. Les présidents d'après l'indépendance du pays ont considéré la décentralisation comme une menace à leur pouvoir. Pour cela, ils l'ont boycottée et ont affaibli les structures existantes favorables à son épanouissement.

En Haïti, l'une des causes principales du retard de la décentralisation est l'attitude rétrograde des leaders du centre qui la voient comme une négation de leur influence sur les populations locales (Progressio et ICCO, 2012). Les toutes dernières tentatives, le Décret de février 2005 et la proposition de loi approuvée par les Sénateurs de la République n'ont pas contemplé une décentralisation moderne et épurée. Plus de détails seront fournis dans le Chapitre VII.

Au point de vue général, Stren (2001) affirme qu'une décentralisation efficace est celle fondée sur la dévolution entière mais non pas sur un simple geste de déconcentration des services publics.

La décentralisation, en effet, joue un rôle moteur dans « le développement d'une nation » (nation-building), spécialement dans les pays à faible capacité de gouvernance (Ebel, et

Vaillancourt, 2001, p. 160). Comprenant cet enjeu, l'Indonésie a adapté un type de décentralisation « ... responsable qui se centre sur l'harmonie et la démocratie » (Tikson, 2008, p. 34). La décentralisation mise en vigueur dans ce pays-là vise à atteindre « l'efficacité et la productivité dans la fourniture des services publics, le maintien de la stabilité politique et l'intégrité nationale » (Tikson, 2008, p. 34).

Pour Ouganda, la décentralisation signifie le transfert de l'autorité aux conseils des dirigeants locaux, tout en les transformant en des officiels élus et en les octroyant les ressources nécessaires pour remplir leurs tâches et pour administrer les affaires des districts (Azfar, Livingston et Meagher, 2006). La décentralisation ougandaise s'est matérialisée graduellement. Les conseils prenaient une forme légitime avec l'Acte de Décentralisation de 1993. Selon Azfar, Livingston et Meagher, cet Acte a aussi transféré aux Conseils l'autorité dans les domaines des soins de santé préliminaires, de l'éducation primaire et secondaire, des services d'eau potable, des routes et de la planification et des services de licence.

Azfar, Livingston et Meagher (2006) rapportent que les gouvernements locaux ougandais et le centre s'entendent sur l'exercice d'un contrôle mutuel inséré dans la loi des gouvernements locaux et reparti ainsi : 1) *les ordonnances locales doivent passer l'examen constitutionnel ; 2) les gouvernements locaux sont habilités à surveiller la performance des agents du gouvernement central travaillant dans leur région et l'exécution des projets financés par le centre.*

En s'engageant dans le mouvement de la décentralisation, chaque pays est motivé par une raison spécifique et des objectifs particuliers. Pour réaliser la décentralisation, certains pays démocratiques ou non démocratiques se sont glissés dans une « concession » avec leurs régions en vue de les contrôler, de « sécuriser la légitimité du gouvernement national » et de saper « les tendances séparatistes » (Bardhan et Mookherjee, 2006, p. 32). C'est le cas de la Chine et de l'Afrique du Sud. Pour d'autres pays, écrivent Bardhan et Mookherjee, la décentralisation marque la « transition dans le système politique national » (Bardhan et Mookherjee, 2006, p. 32). Dans cette catégorie, rapportent-ils, tombent le brésil, l'Indonésie, l'Afrique du Sud, Pakistan et Ouganda.

Tout compte fait, indiquent Bardhan et Mookherjee (2006), la décentralisation peut être carrément le produit d'une « réforme big-bang », ou elle peut être entamée en fonction d'un « processus graduel » et pénétrable soumis aux exigences constitutionnelles (p. 32). Dans ce contexte, Bardhan et Mookherjee (2006, p. 36) distinguent trois types de conception de décentralisation:

Type A : la dévolution big-bang qui a un aspect politique et économique, pratiquée en Bolivie, en Indonésie et en Afrique du Sud[4];

Type B : une dévolution compréhensive et politique qui est en même temps partielle et inégale sur le plan économique (Brésil et Inde). Dans un tel schéma décentralisé, les régions, parfois très peuplées, ont pour rôle de préserver leurs intérêts compétitifs et le bien-être de leurs résidents, ce qui engendre l'inégalité économique, rapportent Bardhan et Mookherjee. En plus, le type B s'accorde bien à l'hétérogénéité de la population de ces deux pays. L'image projetée par ce type de décentralisation montre des régions plus développées que d'autres.

Type C : une décentralisation politique très limitée qui accorde un énorme pouvoir administratif et économique aux collectivités territoriales (Chine, Pakistan, Ouganda et l'Afrique du Sud en 1994). Dans ces pays-là, les gouvernements locaux sont restreints au point de vue politique.

Le cas de la décentralisation en Bolivie requiert une analyse profonde, car Haïti peut en tirer certaines leçons. Avant la révolution de 1952, la Bolivie avait le statut d'un pays « pauvre et rétrograde » marqué par la répression et l'inégalité

---

[4] Après 1994, l'Afrique du Sud s'était élancé dans la décentralisation en vue d'étendre les services publics et les ressources à toutes les régions nonobstant leurs tendances politiques.

28

(Faguet, 2006, p. 126). L'Etat central monopolisait toutes les facettes institutionnelles et imposait son pouvoir sur toutes les régions et municipalités, indique Jean-Paul Faguet.

Après la révolution de 1952, la Bolivie émergeait comme un Etat totalement centralisé qui envisageait de bâtir « une société industrielle moderne et égalitaire » (Bardhan et Mookherjee, 2006, p. 19). Comme résultat, la gouvernance locale tombait dans un état d'inertie, et les dépenses publiques au niveau des municipalités enregistraient un net taux de disproportion par rapport à l'administration centrale, rapportent Bardhan et Mookherjee. Cependant, quinze (15) années de croissance économique stagnée engendrée par la politique centralisatrice du gouvernement avaient provoqué des troubles sociaux (Faguet, 2006). Les discussions politiques et les débats sociaux portant sur la décentralisation n'avaient pas changé l'équation. Conséquemment, les conditions de plus de 30 municipalités se détérioraient sur le plan social et infrastructurel.

Dans un élan comparé, sous les yeux passifs des politiciens haïtiens, neuf (9) des dix plus grandes régions d'Haïti (à l'exception du département de l'Ouest où toutes les ressources sont concentrées) ont longtemps pris la direction de la destruction. Le leadership local s'est révélé en effet invisible, et les services préliminaires liés à l'assainissement, à l'eau potable, à l'abattoir, au maintien des marchés et des places publiques, au contrôle de la construction des maisons et à l'éducation sont graduellement effondrés. Et l'Etat central « does not care » (maintient sa passivité). En plus, l'intervention arbitraire du centre dans les affaires locales, l'incapacité de maitriser les érosions et les inondations, le déclin des biens publics en général, ont atteint un état triste de dégradation flagrante et spectaculaire.

En 1994, la Bolivie s'est lancée dans le mouvement de la décentralisation en adoptant la *Loi de la Participation Populaire* (Faguet, 2006). Pour concrétiser son objectif, le pays a épousé comme stratégie la méthode de « big-bang » (Bardhan et Mookherjee, 2006). La législation était approuvée par le parlement bolivien en avril 1994, et son implémentation était mise en œuvre en juillet de la même année (Faguet, 2006). Elle comporte 4 parties : *l'allocation des ressources, la responsabilité des services publics (santé, éducation …), le comité de contrôle (vigilance), le renforcement des municipalités (municipalisation).*

Faguet (2006) présente la décentralisation:

...comme la dévolution par le gouvernement central des fonctions spécifiques – avec tous les attributs administratifs, politiques et

économiques qu'elles impliquent – aux administrations locales démocratiques qui sont indépendantes du centre dans un domaine géographique et fonctionnel.......... (Faguet, 2006, p. 126)

La décentralisation moderne, en général, a cependant pénétré le terrain de la fonction publique. Contraintes de confronter les nombreux défis négligés par l'administration centrale, les collectivités territoriales sont aujourd'hui « les premières bases d'appui à l'économique et au bienêtre des citoyens de leur région (Moreau, 2011). Cela sous-entend que leurs activités, dans un système étagé, peuvent influencer la balance de l'économie nationale et le bienêtre social. Les détracteurs de la décentralisation s'appuient sur cette idée pour essayer de dissimuler les bénéfices qu'elle produit et pour enrayer son évolution. Toutefois, un cadre de décentralisation bien examiné se propose de combler les lacunes des juridictions locales dans tous les domaines. De ce fait, il est juste de noter que le transfert des pouvoirs et des responsabilités doit s'accompagner d'une compensation d'expertise, ce qui permettra de faucher les barrières de l'insuffisance de talents et de professionnels dans les administrations locales.

Soucieuses des demandes des citoyens, certaines instances infranationales des pays de l'OCDE (Organisation pour la Coopération et le Développement Economique) ont revendiqué le droit de mener leurs propres démarches de politique de développement. Ce bond de revendication enclenché à travers l'Europe, notamment en France, au Royaume-Uni, en Finlande, en Espagne et en Italie, a conduit vers la réforme des institutions infranationales qui a ciblé deux objectifs : *les réorganisations territoriales et la rationalisation au niveau local* (Bérubé, 2000). Bérubé note que ce mouvement avait porté la France, déjà engagée dans un long processus de décentralisation, à modifier son système administratif pour y inclure une institution régissant les affaires régionales.

La loi du 2 mars 1982 a donné naissance au démarrage d'une réforme visant à céder « des droits et libertés » aux communes, aux départements et aux régions de la République française (Donedu, 2011, p. 44). Le mouvement de décentralisation français a ciblé trois objectifs : 1) *le renforcement des pouvoirs locaux face au pouvoir central ; 2) la recherche d'une meilleure efficacité de l'action publique ; 3) le développement d'une démocratie de proximité en rapprochant le pouvoir des autorités élues plus près des citoyens* (Donedu, 2011, pp. 44 et 45). En fait, la loi du 2 mars 1982 « prévoit que les délibérations et actes des exécutifs locaux sont exécutoires de plein droit » (Donedu, 2011, p. 45).

Tout ne s'arrête pas là. En 1983, la France a adopté d'autres lois qui ont défini les compétences à être dévolues aux administrations locales (Donedu, 2011). Le transfert de compétences vers les collectivités territoriales (CT) s'est mené graduellement selon des principes établis. Par exemple, les premiers transferts de compétences ont visé *« l'aménagement du territoire, de l'urbanisme et du logement, de la formation professionnelle et l'aménagement du territoire ».* **En second lieu, sont entamés *les transferts des transports, de l'action sociale et de la santé.*** Enfin, le centre a permis aux CT d'exercer les compétences relatives à l'éducation, à l'environnement et à la culture (Donedu, 2011, p. 45).

Un pays développé est celui qui privilégie les normes de décentralisation. Cette dernière facilite le gouvernement central à mieux satisfaire les besoins des populations locales à travers les structures organisationnelles mises en place au niveau des administrations infranationales. Les politiques publiques à caractère national peuvent mieux atteindre leurs objectifs si les collectivités territoriales remplissent leurs fonctions efficacement en vertu des autorités qui leur sont conférées.

Il est important de réaliser, dans le même temps, que le dynamisme gouvernement central/gouvernement local comporte des réalités complexes provenues du climat politique et des législatures (Saunders, 1974). Savoir comment naviguer dans les eaux des réalités politiques en vue de solutionner les problèmes que confrontent les citoyens est un talent que les leaders locaux doivent développer, reconnait Saunders. Cette réalité, affirme-t-il, n'est jamais entièrement rationnelle ou irrationnelle, ni totalement humain ou technologique, ni complètement blanc ou noir (p. 8). *Partant, un système décentralisé est celui où les acteurs locaux évoluent constamment dans une atmosphère changeante qui requiert un leadership intelligent et évolutif.* Cependant, les droits, les responsabilités et les prérogatives des CT sont ceux prévus par la loi qui donne naissance à la décentralisation.

III
Historicité de la Décentralisation

La décentralisation a connu une évolution perçante durant les cinq dernières décennies. Une analyse de la littérature y relative a montré qu'elle était une idée inexplorée dans les années 1940 et 1950 (Cheema et Rondinelli, 2007). Les pays développés ou non développés étaient fortement centralisés. Soudainement, la décentralisation s'est déclenchée au cours des années 1970. De nos jours, elle est en effet privilégiée dans beaucoup de pays du monde où l'ambition vise la provision des services publics aux résidents des villes et des zones reculées. Elle se sert à supporter la réduction de la pauvreté, la fourniture des services publics aux citoyens, la démocratie, le rendement et l'efficacité des services publics.

La décentralisation a atteint un niveau de préférence profond tant dans les pays riches que dans les pays les moins avancés sous la bannière de « bonne gouvernance » (Saito, 2008, p. 2). Un Etat décentralisé est celui qui est à la fois « démocratique et développé » (Saito, 2008, p. 2). Cependant, l'Etat décentralisé est aussi confronté à des défis d'ordre politique, social et économique, soutient Saito. L'État décentralisé, cependant, fait face à l'obligation de déléguer ses pouvoirs à un tiers en raison de la déconnexion qui caractérise ses relations avec les citoyens locaux qui exigent, de leur côté, des services grandissants (Saito, 2008). Saito rapporte que les gouvernements centralisés sont beaucoup critiqués en raison de leur distance des réalités que vivent les gens des provinces.

Cependant, la décentralisation en fait n'est pas une nouvelle entreprise humaine. Les études ont montré que ses traces sont enracinées dans l'antiquité ; mais elle évoluait dans un horizon timide. La littérature sur la décentralisation a rapporté que la priorité des auteurs classiques consistait à définir l'institution à laquelle on devait confier « l'autorité publique » : la monarchie, le sénat, une assemblée populaire ou une combinaison des trois (Treisman, 2007, 6). Selon Treisman, professeur de Science Politique à l'Université de Californie, ce qui occupait l'esprit des anciens, c'était d'établir les institutions du gouvernement central. Ils octroyaient une place minimale à« la structure verticale du gouvernement », c'est-à-dire, la division de l'État en différentes juridictions et la répartition des tâches (Treisman, 2007, p. 6).

L'expérience moderne en matière de décentralisation nous expose à des perspectives nouvelles et intéressantes. Un État décentralisé, surtout sur le plan politique, offre l'opportunité d'adresser certains malaises politiques et sociaux auxquels font face le pays (Treisman, 2007). La décentralisation pratiquée par les pays de l'ouest de l'Europe a renforcé la gouvernance à l'échelle locale et régionale (OECD, 2001). Donc, l'application des mesures de décentralisation peut susciter le développement socioéconomique. Cependant, il est important que le processus de décentralisation reflète « le système de valeurs des gens » affectés et qu'il soit un instrument de changement (Aoki, 2008, p. 50). Dans le cas contraire, estime Aoki, la décentralisation peut être considérée comme un outil de management qui tend à favoriser les élites.

Les Etapes de la Décentralisation

L'évolution de la décentralisation s'étend sur trois périodes :

Première Période : Débutée après la seconde guerre mondiale, la première période s'étendait sur les années 70 et 80. Les intérêts convergeaient vers la déconcentration « des structures hiérarchiques du gouvernement et des bureaucraties » (Cheena and Rondinelli, 2007, p. 2).

Deuxième Période: Au cours des années 1980, la décentralisation ciblait le « partage du pouvoir, la démocratisation et la libéralisation du marché » (Cheena and Rondinelli, 2007, p. 2). Cette transformation politique était influencée par la fin de la guerre froide et s'accompagnait d'un mouvement de démocratisation à travers le monde (Saito, 2008). Sur le plan économique, poursuit Saito, les programmes d'ajustement structurels des années 1980 ont favorisé la course vers la décentralisation.

Troisième Période: Selon Cheena et Rondinelli (2007), à partir des années 1990, la décentralisation symbolisait le canal par lequel le gouvernement s'était rendu accessible au public par le biais des organisations civiques. Cette euphorie n'a épargné aucun pays soucieux de servir ses citoyens. Elle était priorisée par tous les grands leaders politiques de la fin du XXème Siècle et du commencement du XXIème Siècle: Tony Blair (Angleterre), Bill Clinton (Etats-Unis), Georges Bush (Etats-Unis), François Mitterrand et Jacques Chirac (France), Ernesto Zedillo et Vincente Fox (Mexique), Mikhaïl Gorbatchev et Boris Eltsine (la Russie).

La décentralisation politique a transcendé les horizons des continents et a épousé une forme réelle. Elle est en pleine pratique dans certains anciens pays communistes tels que la Pologne et Kyrgyzstan, dans beaucoup de pays de l'Amérique Latine et de l'Amérique Centrale tels que l'Argentine, la Bolivie, le Brésil, le Chili, la Colombie, le Paraguay, le Pérou, le Venezuela, etc. (Treisman, 2007). Treisman poursuit pour écrire qu'en Afrique, des pays comme l'Ethiopie, l'Afrique du Sud, le Zimbabwe, le Benin et autres ont adopté une forme quelconque de décentralisation. Sur le continent Asiatique, la Chine, l'Inde et les Philippines ont mené des politiques qui ont supporté la décentralisation.

Le vent de la décentralisation s'est déferlé de toutes les directions, écrit Treisman (2007). Cependant, il reconnait que le support des agences internationales l'a transformée en un mouvement viable et vital. De 1961 à 2005, la Banque Interaméricaine de Développement a investi 671 millions de dollars américains en prêts pour la promotion de la décentralisation. De 1997 à 2003, la Banque Mondiale a décaissé environs 300 millions à 500 millions de dollars en prêts annuellement pour supporter des activités et programmes liés à la décentralisation (Treisman, 2007). Beaucoup d'institutions internationales, à savoir, l'Organisation des Nations Unies, l'Union Européenne, la Banque de Développement de l'Asie, l'Agence Américaine de Développement (USAID), ont alloué des fonds considérables au mouvement de la décentralisation dans leur sphère respective (Treisman, 2007)

Le concept de décentralisation s'est développé effrénément durant les décennies écoulées. Au cours des années 1980, la décentralisation était vue sous trois axes (Cheena et Rondinelli, 2007):

La déconcentration : Le gouvernement central (les ministères) transfert des responsabilités administratives et certain pouvoir décisif aux régions et municipalités à travers des bureaux départementaux ministériels (ex : le bureau départemental de l'éducation nationale ; le bureau départemental de la santé …);

La dévolution vise à renforcer les gouvernements locaux en les octroyant « l'autorité, la responsabilité et les ressources leur permettant de fournir des services aux citoyens, d'établir les infrastructures nécessaires, de pourvoir aux besoins de la santé et de la sécurité de la population, et d'adopter et d'implémenter les politiques publiques » nécessaires (2007, p. 3) ;

La délégation : Cette forme de décentralisation consiste à transmettre une certaine autonomie administrative se rapportant à certaines fonctions aux gouvernements locaux et régionaux.

Selon Cheena et Rondinelli (2007), le courant décentralisateur était aussi renforcé par des facteurs, tels que le déclin des économies centralement organisées, la disparition progressive de la guerre froide et le développement rapide du commerce international, qui exigeaient « le développement économique, la gouvernance et la décentralisation » (p. 3).

Cheena et Rondinelli notent que le départ des gouvernements autoritaires dans l'Amérique Latine et dans l'Europe de l'Est dans les années 1990, l'adoption de l'économie du marché et la promotion des principes démocratiques dans l'Est de l'Asie ont favorisé le déclenchement des réflexions associées à la décentralisation. Dans ces régions-là, poursuivent Cheena et Rondinelli, les actions gouvernementales convergeaient vers le renforcement du secteur privé, la réduction des bureaucraties et vers l'affermissement des gouvernements locaux. Plus tard, concluent-ils, le Fond Monétaire International, la Banque Mondiale et d'autres organisations de développement internationales ont imposé la décentralisation comme élément essentiel de leurs *programmes d'ajustements structurels* visant la restauration des marchés, la consolidation de la démocratie et la bonne gouvernance.

La décentralisation est devenue un mouvement populaire surtout dans les pays qui sont en train d'expérimenter une économie émergente (Crawford et Hartmann, 2008). Crawford et Hartmann soutiennent que 80% des pays en voie de développement ont opté pour une certaine forme de décentralisation durant les décennies écoulées. Tout compte fait, la décentralisation se consacre à renforcer le degré de responsabilité des gouvernements locaux vis-à-vis des résidents (de Mello, 2010).

De Mello (2010) rapporte aussi que la décentralisation stimule le développement du capital social en raison de la participation massive des citoyens dans les prises de décisions. En termes de gouvernance publique, la décentralisation dégage un résultat positif parce qu'elle supporte « la participation citoyenne, un secteur public réceptif, un leadership public démocratique et l'inclusion sociale » (de Mello, 2010, p. 7). Enfin, de Mello soutient qu'un Etat décentralisé stimule un meilleur partenariat entre les autorités locales et les organisations volontaires ; elle fait germer la notion de confiance entre les citoyens et les officiels locaux.

La Décentralisation et La Nouvelle Gestion Publique

La décentralisation s'aligne avec la nouvelle gestion publique qui influençait les démarches novatrices de certains gouvernements au cours des années 1990. Auteurs de « Reinventing Government », David Osborne et Ted Gaebler (1992) ont plaidé en faveur d'un gouvernement innovant, entrepreneurial, décentralisé et apte à offrir une meilleure qualité de services aux usagers. En fait, c'est la suprématie de la nouvelle gestion publique (NGP) avec sa force transformatrice qui exige le gouvernement à être productif et à privilégier la gestion impeccable des institutions et la satisfaction des usagers.

Ce mouvement, en effet, considérait les citoyens comme des acteurs à part entière dans le pilotage de la chose publique. Il visait, dans un contexte général, l'objectif de modifier le rôle traditionnel de l'Etat au profit de la création d'un champ public dynamique qui permettrait aux citoyens, appelés clients/consommateurs/usagers, de participer d'emblée aux décisions qui les affectent et d'être consultés sur les choix et la qualité des services publics. Tout compte fait, la tendance découlée de cette nouvelle philosophie a placé les citoyens au cœur des décisions politiques et administratives.

La matérialisation de ce concept était activée systématiquement avec force au Royaume-Uni sous le gouvernement de Blair qui, lui-même, a mené toutes les démarches utiles conduisant vers l'adoption et l'approbation de « The Citizen Chart » (la Charte Citoyenne). Cette charte établissait les modalités de l'apport du citoyen dans la livraison des services publics (Thibault, 1999). Selon Thibault, l'application de la Nouvelle Gestion Publique a connu une différente application selon le pays dans lequel elle est mise en œuvre. Les pays anglo-saxons (Etats-Unis et Canada), en fait, ont suivi le modèle de partenariat privilégié par le Royaume Uni. Tandis qu'un pays comme la France privilégie la déconcentration des services et la décentralisation politique (Thibault, 1999) tout en préservant la suprématie du pouvoir central. Par conséquent, « le partenariat » entre les citoyens et le gouvernement reste dans un état « marginal », explique Thibault.

Différentes Approches de Décentralisation

Cohen et Peterson (1999 ; pp. 20-22) décrivent plusieurs formes de décentralisation. Chaque forme est liée à un courant historique distinct:

1. *Origines historiques* – Cette démarche a suivi les tendances vécues par les français, les anglais et les traditionalistes;
2. *Hiérarchie et fonction* – Cette approche se base sur le transfert des biens et services publics générés par le gouvernement central aux juridictions locales. La gestion de ces biens et services peut être confiée soit au gouvernement local soit à des organisations à buts non lucratifs ;
3. La troisième forme s'associe au *Projet de Décentralisation de Berkeley* (Berkeley Decentralization Project). Ce projet se proposait de trouver les moyens efficaces pour servir les gens vivant dans les zones

rurales. De ces réflexions se sont dégagées huit approches: la dévolution, la dévolution fonctionnelle, l'organisation d'intérêt, la déconcentration liée à la préfecture, la déconcentration ministérielle, la délégation des fonctions à des organisations autonomes, la philanthropie et la décentralisation fondée sur « marketization »;

4. *Mode de Structures et de Fonctions Administratives* - Cette forme de décentralisation adresse les questions liées aux structures et fonctions étatiques chargées de la production et de la fourniture des biens et services. Initiée en 1962 par les Nations Unies, elle visait à promouvoir les systèmes locaux, le partenariat, le système de dualité et des systèmes administratifs intégrés;

5. La cinquième approche comporte un aspect plus ou moins légal en ce sens qu'elle prend sa source d'une législation qui définit ses paramètres juridictionnels. En vertu de cette forme, l'administration locale ou régionale est autorisée à adopter et à renforcer les ordonnances; à collecter les taxes et revenus préétablis ; et à contrôler son budget, les dépenses et le système de comptabilité, l'embauchage des

employés et la force de sécurité (la police municipale ou régionale).

6. La sixième approche à la décentralisation est purement politique. Ici, elle inclut le transfert du pouvoir de prise de décisions aux citoyens ou à leurs représentants. Selon Cohen et Peterson, la dernière approche est la plus rationnelle et la plus pratique.

La décentralisation englobe le transfert du pouvoir de la prise de décision aux gouvernements infranationaux (Martinez-Vasquez et Timorée, 2010). Elle consiste à transférer aux juridictions locales le pouvoir de décision (Bird, 1993). La déconcentration, en revanche, confère certaine autonomie aux municipalités qui doivent rendre compte à une hiérarchie supérieure. La délégation permet au gouvernement central de déléguer certaines fonctions aux branches territoriales surmontées par certaines limites imposées par les ministères de tutelle. La dévolution, enfin, suppose une autonomie totale des juridictions territoriales dans les confins de leurs limites.

IV
Le Bienfondé de la Décentralisation

La décentralisation s'accorde avec la modernité de l'Etat. Elle est une forme de politique publique conçue pour rapprocher les gouvernants des gouvernés, un sérum qui s'attaque au sous-développement. C'est l'ultime application de la politique de proximité. La décentralisation est un atout puissant dans la lutte pour la concrétisation des Objectifs de Développement du Millénaire (ODM)[5] (Jütting, Corsi et Stockmayer, 2005).

Plusieurs facteurs expliquent le rôle et l'importance de la décentralisation. A titre illustratif, en Corée du Sud, la décentralisation était

---

[5] Les Objectifs de Développement du Millénaire ont été adoptés par l'ONU en Septembre 2000. Ils comportent huit axes essentiels à atteindre d'ici 2015 : 1) la réduction extrême de la pauvreté et de la faim; 2)l'éducation pour tous; 3) la promotion de l'Egalité des sexes et l'autonomisation des femmes; 4) la réduction de la mortalité infantile; 5) l'amélioration de la santé maternelle; 6) la lutte contre VIH/Sida, le paludisme et d'autres maladies; 7) la préservation de l'environnement; 8) la mise en place d'un partenariat mondial pour le développement. Obtenu le 25 juin 2012 du site Web sur l'internet à l'adresse suivante: http://www.undp.org/content/undp/fr/home/mdgoverview/.

un instrument utilisé pour « soutenir la concurrence dans une économie mondialisée, créer une économie fondée sur le savoir et pour favoriser le développement de la société civile » (OECD, 2007, p. 77). Pour atteindre ses objectifs, OECD rapporte que le gouvernement avait créé « le Comité présidentiel pour l'innovation et la décentralisation de l'Etat ». La mise sur pied de ce comité a conduit à l'élaboration d'une feuille de route détaillant les étapes à considérer pour la réalisation de la décentralisation.

D'autres facteurs contraignent les États à se décentraliser. Ces facteurs regroupent la démocratie, le développement et la réduction de la pauvreté.

Premièrement, **la décentralisation est vue comme un instrument de démocratie et de développement** (Saito, 2008). Saito soutient que la démocratie supporte la participation des citoyens dans le processus de prise de décision. Deuxièmement, elle est utilisée comme un outil de réduction de la pauvreté, car elle a le potentiel de concilier les services publics aux besoins des résidents (Saito, 2008). Saito, enfin, croit que la décentralisation est une « panacée » (2008, p. 1) qui a défié les critiques.

Les Effets des Principes de la Décentralisation

La décentralisation tient à décrire le rôle principal de chaque sphère gouvernementale dans la stratification étatique (Saito, 2008). Selon Saito, le processus de décentralisation cherche d'abord à réaliser « **l'unité de l'Etat** » à travers la coordination des fonctions et des responsabilités de chaque acteur reconnu par la loi fondamentale et la Constitution (2008, p. 4). Ici, l'unité ne s'entend pas défavoriser la concurrence verticale[6] et la concurrence horizontale[7].

Naturellement, l'unité de l'Etat signifie que le centre reconnait le pouvoir des municipalités/régions de prendre des décisions et d'adopter des politiques publiques qui permettent de satisfaire les besoins des citoyens. **Un processus de décentralisation imparfait produira un environnement national instable qui peut déboucher sur des conflits entre les gouvernements locaux et l'administration centrale.** L'Etat central, cependant, se réserve le droit d'intervenir dans les affaires locales ou

---

[6] La Concurrence Verticale existe entre les niveaux de gouvernement, c'est-à-dire le gouvernement central et les gouvernements régionaux et locaux (Optimum online)

[7] La Concurrence Horizontale surgit entre les différentes juridictions locales.

régionales pour corriger ou redresser une situation si l'intégrité du gouvernement nationale est menacée en raison des actes incohérents, inconsistants et irrationnels des juridictions locales (Saito, 2008).

Tout compte fait, une décentralisation productive et logique est celle qui accorde:

*1) L'autorité et l'autonomie aux gouvernements locaux;
2) Des ressources suffisantes aux juridictions locales;
3) La priorité à des actions collectives supportées par des institutions solides;
4) Le support à un processus politique ouvert et responsable (Saito, 2008, p. 10).*

Evidemment, Jütting et ses alliés (2004, p. 8) notent en fait deux grandes incitations traditionnelles ayant influencé la décentralisation:

*1. La décentralisation peut engendrer une augmentation de l'efficience. Ils expliquent que les autorités centrales ne disposent pas d' « assez de temps et de connaissance » leur habilitant à produire les « politiques et programmes » nécessaires pour améliorer le bienêtre des résidents.
2. La décentralisation peut améliorer la gouvernance. Elle contribue à*

dynamiser les institutions locales et nationales.

Avantages de la Décentralisation

La décentralisation se révèle un instrument efficace permettant aux citoyens de tenir responsables leurs représentants (Treisman, 2007). La reddition des comptes enjoint les agents gouvernementaux à appliquer les règles éthiques et morales, à bien gérer les biens publics et à promouvoir des politiques publiques qui envisagent de favoriser les intérêts du public et le bien commun (dans leurs conduites et l'exécution des dépenses publiques).

Dans un contexte économique et social, la décentralisation sert à promouvoir l'équité en promouvant un système fondé sur la responsabilité et la réceptivité qui valorise le bien-être social à travers la production de biens et services publics efficaces (Bardhan et Mookherjee, 2006). Pour A. Przeworski, S. C. Stokes et B. Manin cités par Bardhan et Mookherjee (2006), un gouvernement responsable est celui dont les caractéristiques permettent aux citoyens d'identifier les officiels élus qui pratiquent l'éthique et la morale et ceux qui sont privés de raison. En fin, la notion de réceptivité exige le gouvernement à adopter des programmes et législations qui reflètent les besoins de chaque communauté (Badhan et Mookherjee, 2006). Dans cette même lignée, la réceptivité s'identifie aussi à la capacité de chaque municipalité d'établir sa propre politique en matière de taxation (Badhan et Mookherjee, 2006).

La dévolution du pouvoir aux gouvernements locaux supporte une meilleure utilisation des connaissances locales, la protection de la liberté individuelle, la participation citoyenne, la promotion des vertus civiques, ... (Treisman, 2007).

Treisman soutient que la décentralisation sert comme un « laboratoire » où se combinent des expériences démocratiques et des politiques publiques distinctes pour achever une cause commune (200, p. 4). Ces attributs ont été appréciés par des penseurs tels que Montesquieu, Rousseau, Tocqueville, ou John Stuart Mill (Treisman, 2007).

De plus, la décentralisation peut stimuler « le développement humain » lié aux critères suivants : éducation, santé, eau potable et endroits de loisirs publics (Cohen et Paterson, 1999, p. 9). La décentralisation paraît très attractive pour les raisons suivantes (Treisman, 2007, pp. 11-15) :

- **Efficience administrative** - Dans un Etat décentralisé, il est plus facile de répondre aux besoins des citoyens à travers la production de biens publics et la fourniture des services à des coûts réduits.

- **Compétition locale**: La décentralisation nourrit la compétition entre les municipalités. Il y a toujours une course pour essayer d'attirer les citoyens et les investissements nationaux et étrangers.
- **Incitations Fiscales**: Pour augmenter leurs revenus, les officiels locaux ont tendance à inciter le développement des activités économiques dans leur juridiction.
- **Démocratie** : La décentralisation supporte la démocratie de proximité, partant elle incite la participation citoyenne et fertilise la vertu civique. La décentralisation sert à améliorer le processus électoral parce que les votants comprennent mieux les enjeux locaux et l'importance des élections d'une administration locale soucieuse et compétente.
- **Contrôles, balances et liberté** : Les gouvernements locaux empêcheront le gouvernement central d'abuser son pouvoir en protégeant la liberté individuelle.
- **L'information locale et l'innovation de la prise de décision**: Les administrations locales sont plus capables d'éliciter les informations locales et les utiliser de façon positive.
- **Apaisement des conflits ethniques** : La décentralisation peut aider à atténuer les conflits ethniques en partageant

équitablement les ressources du pays et adressant les ramifications politiques.

Sur le plan économique, Ebel et Vaillancourt (2001, pp. 158-159) arguent que la décentralisation et le développement économique maintiennent une corrélation positive:

1. *La décentralisation sert à améliorer l'efficacité économique de la nation.* Les gouvernements locaux peuvent ajuster leur budget en s'appuyant sur les préférences des citoyens et en appliquant le meilleur mécanisme pour délivrer les services publics.

2. *Distribution des revenus avec facilité* : un gouvernement local ou régional qui fonctionne efficacement est capable d'accéder avec plus d'aisance à certaines assiettes fiscales que le gouvernement central (ex : certains frais d'utilisation, les taxes de vente rudimentaires, les taxes foncières). Le gouvernement local est mieux placé que l'administration centrale pour prélever et administrer la taxe immobilière et mobilière.

3. *Les coûts des services* : le gouvernement local établit des prix appropriés pour les services rendus aux citoyens.

En effet, pour réaliser le fruit des avantages économiques découlant de la décentralisation, il est important d'établir « un système intergouvernemental qui fonctionne efficacement » (Ebel et Vaillancourt, 2001, p. 160). Ce système qui doit être le produit de la législation sur la décentralisation, sur le pouvoir et sur les responsabilités des entités et juridictions locales, accordera à chaque ordre gouvernemental ses limites et ses attributions administratives, légales et fiscales.

Toute législation rationnelle touchant la question de décentralisation doit aider l'Etat à exercer un certain degré de supervision sur les municipalités, surtout en matière des finances. Cependant, ce contrôle reconnu à l'Etat central ne doit pas constituer un moyen de coercition et un instrument de subordination pour inférioriser le pouvoir légal des autorités locales (Goodnow, 1910).

Dans cette perspective, la décentralisation a attribué aux collectivités territoriales l'exercice des fonctions relatives aux *écoles, aux routes, aux transports publics, à la police et aux services d'incendie*. En revanche, les services portant sur les autoroutes, la défense nationale et l'aide étrangère se relèvent des attributions du gouvernement nationale (Grimlich, 1993, p. 230). En fait, la conception de la décentralisation se repose sur le schéma ci-dessus.

Désavantages de la Décentralisation

Les détracteurs de la décentralisation ne sont pas convaincus qu'elle est essentiellement indispensable au développement d'un pays. Selon eux, les gouvernements locaux peuvent occulter le développement de la politique macroéconomique en raison de la relaxation des contraintes budgétaires qui les permettent de dépenser au-delà des limites budgétaires (Treisman, 2007) tout en méprisant les lois fiscales. Leur analyse se repose sur les facteurs suivants:

La pression Fiscale: les gouvernements territoriaux peuvent aggraver les retombées négatives de la discipline fiscale et macroéconomique en réclamant une finance croissante du gouvernement central. Les gouvernements locaux et régionaux voient l'Etat central comme une source commune qu'il faut drainer à tout prix. Leur objectif est d'exploiter toutes les faiblesses du budget central (soft budget constraints). Se faisant, argue Treisman, ils ne font que déséquilibrer la balance fiscale nationale.

Manque de coordination Fiscale: la décentralisation engendre l'échec de la coordination fiscale en raison de l'inefficacité enregistrée au niveau des gouvernements locaux et régionaux. Quand les entités juridictionnelles et l'Etat central peuvent taxer les mêmes sources de revenu, cela peut parfois les amener à surimposer des impôts, ce qui peut affecter le pouvoir financier des contribuables.

Sauvegarder la stabilité: Ebel et Vaillancourt (2001) parlent de la notion de stabilité que les opposants de la décentralisation dénotent aussi. Les pays qui ont « une économie moins diversifiée et exposée aux fluctuations dans le traitement des marchandises, aux désastres naturels, aux guerres, aux dettes et à la désinflation chronique », supportent la centralisation en vue de contrôler la taxe principale et les instruments de prêts (Ebel et Vaillancourt, 2001, p. 158).

Faibles Capacités Administratives: certaines municipalités ont des structures administratives très faibles (Ebel, Vaillancourt, 2001), ce qui réduit leur capacité à gérer efficacement les biens publics. Les détracteurs de la décentralisation s'appuient sur ce facteur pour s'attaquer à la décentralisation.

Tout compte fait, il est nécessaire de créer une atmosphère de coordination cohérente entre les niveaux de gouvernement afin de dévier les pressions dangereuses que la politique fiscale du gouvernement central ou des gouvernements régionaux et locaux peuvent exercer sur l'économie nationale. La performance économique du pays, après tout, repose sur la santé économique de chaque région.

Les politiques fiscales doivent concerner les acteurs politiques dans un Etat subdivisé en différents gouvernements. Paquet (2002) reconnait cette importance quand il écrit:

> *L'action unilatérale d'un gouvernement peut ainsi avoir des effets sur les rentrées fiscales des autres niveaux de gouvernement à proportion que la pression fiscale additionnelle déclenche des comportements d'évasion fiscale ou de recours à l'économie souterraine. Un gouvernement qui augmenterait les impôts sans prendre en compte les sommes que les autres niveaux de gouvernement tirent déjà des citoyens pourrait engendrer une baisse des rentrées fiscales pour tous les niveaux de gouvernement.*

Les Eléments d'un Document Stratégique de Décentralisation

Le processus de décentralisation est une entreprise importante par laquelle l'Etat entend partager ses pouvoirs avec les municipalités et les régions. Dans le cas d'Haïti, on parle de communes et de départements. Le plan stratégique doit contenir certains éléments vitaux dont (Bardhan et Mookherjee, 2006, pp.12-14) :

1. *L'autorité Constitutionnelle* - *les gouvernements locaux sont des produits de la constitution;*

2. *Les élections* - *La loi sur la décentralisation doit contenir les méthodes disponibles aux résidents locaux leur habilitant de choisir leurs représentants. Elle doit aussi établir la modalité du processus du déroulement des élections. Le document doit tenir compte des sanctions et actions que le gouvernement central peut prendre pour combattre la corruption, la malfaisance administrative, la mauvaise gestion et la manipulation électorale;*

3. *Dépenses et Responsabilités* - *Quelles sont les décisions exactes réservées aux gouvernements locaux ? Est-ce-que les CT sont permises de décider sur l'infrastructure, l'éducation primaire, l'eau potable, l'irrigation, les routes, les bâtiments publics, les centres de santé, les programmes de bienêtre social, tels la pension, le logement, les bénéfices spéciaux destinés aux handicapés ? Est-ce-que les gouvernements locaux détiennent l'autorité de poursuivre leur propre allocation des ressources aux localités placées*

sous leur juridiction ? La loi sur la décentralisation permet-elle aux gouvernements locaux d'investir dans la construction de nouveaux bâtiments publics, de gérer les affaires publiques de la municipalité, d'assurer le maintien des bâtiments publics ? Enfin, ont-ils le pouvoir d'embaucher, de limoger et de payer les employés ?

4. **Dévolution Financière** – *La loi électorale doit spécifier si les gouvernements locaux peuvent augmenter le taux des taxes locales, les frais d'utilisation ; ou s'ils peuvent contracter des prêts pour financer la fourniture des services publics. Le pourcentage du budget local ou les services publics financés par la taxe locale doit être explicitement stipulé. Le document sur la décentralisation doit énoncer sans ambiguïté la formule et la méthode qui guident l'action du gouvernement central en ce qui concerne le transfert des fonds aux gouvernements infranationaux.*

5. **L'Autorité et la Compétence des officiels locaux** *–La loi sur la décentralisation ne doit pas laisser de doute et de vide de pouvoir. Elle doit clairement spécifier le niveau de gouvernement chargé de prendre les décisions. En d'autres termes, est-ce que le gouvernement central continuera à monopoliser les prises de*

décisions affectant les municipalités ou est-ce que le pouvoir de décision sera partiellement ou complètement dévolu aux gouvernements locaux ? Il incombe à l'Etat de combler le vide du pouvoir et de fixer les limites d'intervention de chaque gouvernement afin de minimiser les éventuels conflits.

6. ***Information et Contrôle*** *– Est-ce que les officiels locaux et les citoyens seront à même de recevoir toutes les informations nécessaires du gouvernement central ? Ces informations concernent le coût des services locaux et celui de l'administration centrale. Est-ce que les citoyens auront accès au budget du gouvernement local ou aux actions des officiels ? Au centre des interrogations, il est important d'élucider si les administrations locales seront contrôlées par un Comité de Contrôle composé des citoyens ou par l'administration supérieure dans l'échelon gouvernemental ? Tout compte fait, existe-t-il des mécanismes ou forums permettant aux citoyens de faire entendre leur voix?*

Ce sont autant de points importants qui doivent composer le plan global de décentralisation. Ces éléments fondamentaux doivent être explorés dès la conception de la décentralisation à fin d'éviter des conflits dans la phase exécutoire. Dans certains pays, tels que le Brésil, l'Afrique du Sud et l'Indonésie, la décentralisation s'était intercalée dans la transition à la démocratie (Bardhan et Mookherjee, 2006). Partant, les acteurs avaient le temps d'en réfléchir et de construire un mécanisme de décentralisation qui a généralement plu à toutes les parties prenantes.

En Haïti, par exemple, la Constitution de 1987 amendée a donné une couverture légitime à la décentralisation. Cependant, comme la démocratie a souffert d'une éternelle transition et des coups d'état répétés, la décentralisation en a subi les conséquences nébuleuses. Environ trois décennies après le mouvement prometteur de 1986, la décentralisation reste figée, et l'horizon de développement et de progrès social semble de plus en plus fermé. Comment expliquer que, dans les années 1980, les grandes villes étaient électrifiées d'une façon très modeste, alors qu'au XXIe Siècle, l'électricité soudainement devient un luxe? Où sont passés les penseurs et la fierté qui jadis jalonnaient les rives sociales et politiques de la première république noire? Que dirait Antoine Simon[8]? Peut-on espérer que les gouvernements locaux répondraient aux besoins des citoyens de leur juridiction avec plus d'empressement et de morale? Notre lecture de la situation haïtienne révèle que les leaders politiques manifestent un grand

---

[8] L'histoire rapporte que l'électrification du pays a débuté sous la présidence d'Antoine Simon durant les années 1910.

appétit pour la centralisation, car leur esprit est emporté par l'idée qu'un renforcement des gouvernements locaux diminuera leur influence sur les populations locales. Rappelons que dans les années 1970, la centralisation des services et des instruments économiques se développait vertigineusement au même moment où le monde s'était confronté à la nécessité de morceler l'Etat central sur le plan politique, administratif et fiscal (Alexis, 2011). Haïti avait tout simplement abordé une voie désuète qui allait lourdement saper la capacité de survie des villes, et voir des départements géographiques. Les politiques publiques des Duvalier sabotaient toute lueur de décentralisation, car ils avaient peur d'une éventuelle prise des villes par leurs opposants. Haïti a souffert douloureusement de cette décision rétrograde et inerte.

V
Différents Types de Décentralisation

Nous avons exploré un peu la décentralisation et démontré son importance dans une société. Nous voulons, en fait, apprécier à sa juste valeur l'interrogation que de Saito a contemplée : « comment partager les fonctions nécessaires entre le gouvernement central et le gouvernement local convenablement ? » (2008, p. 4). La notion de coordination entre le centre et les collectivités territoriales a aussi préoccupé les pensées de Saito. Dans cette perspective, le partage concret et réussi des fonctions de l'Etat doit se réaliser à partir de trois axes principaux: **décentralisation politique, décentralisation administrative et décentralisation fiscale**.

Décentralisation Politique

La décentralisation politique constitue le transfert du pouvoir aux élus locaux qui jouissent d'une certaine autonomie et liberté dans leur prise de décision. Une décentralisation politique effective se repose sur un transfert réel et considérable « des pouvoirs, des fonctions et des ressources » aux municipalités et régions afin de leur habiliter à « exercer leur discrétion » et à agir avec un niveau « d'autonomie substantielle » (Tsukamoto et Vogel, 2007, p. 17).

Dans ce contexte, les officiels locaux sont tenus responsables aux citoyens de la gestion de la municipalité plutôt qu'à l'administration centrale. Cette forme de décentralisation est aussi appelée **décentralisation démocratique** (Scott and Alam, 2011). La décentralisation politique est étroitement tributaire des élections démocratiques régulières par lesquelles les dirigeants locaux se sont accédés au pouvoir. Pour Harilal, la décentralisation démocratique permet de consolider la notion de démocratie en créant des conditions favorables à « l'action publique et la participation citoyenne, en général, et à la planification en particulier » (2008, p. 75).

Signalons que la décentralisation politique est différente de la décentralisation administrative. Cette dernière suppose la décentralisation des ministères et organismes autonomes sans délégation de pouvoir aux entités géographiques locales. Notons, en effet (voir les paragraphes ci-dessous ou le terme de décentralisation administrative est abordée en profondeur), que la décentralisation est insignifiante sans le transfert des moyens financiers permettant aux officiels locaux de remplir les tâches attachées aux responsabilités et pouvoirs émanés du pouvoir central et dûment inscrites dans la loi autorisant la décentralisation.

Dans les pays centralisés, le gouvernement central retient un pouvoir dominant et imposant sur les administrations locales et sur les institutions déconcentrées. Il est investi du droit de les destituer et de nommer un remplacement. De plus, dans le cas d'Haïti, les décisions du préfet, représentant politique du président dans le département, peuvent primer sur le pouvoir des élus locaux. En exerçant son pouvoir, le préfet peut exhiber une conduite qui peut rendre futiles les activités de l'administration municipale au détriment de la population locale.

La décentralisation politique suit le prescrit légal découlant de la constitution et des lois qui établissent les mesures de responsabilité et de transparence. Elle prend la forme de dévolution, qui n'est autre que le transfert des responsabilités substantielles, de la prise de décision, des ressources et des revenus aux gouvernements locaux avec un certain degré d'autonomie (Commonwealth Secrétariat, 2011).

La décentralisation politique est aussi envisagée en fonction de la globalisation. Selon Tsukamoto et Vogel (2007), il y a une corrélation négative entre la décentralisation politique et la globalisation. Des recherches empiriques ont démontré qu'une bonne majorité des « villes du monde » sont centralisées. Par exemple, parmi les 20 plus grandes villes[9] du monde, impliquées profondément dans la globalisation, seulement onze (11) d'entre elles projettent « une évidence du processus de décentralisation» politique (Tsukamoto et Vogel, 2007, p. 28). Cependant, Tsukamoto et Voget observent que les villes des Etats-Unis ont excellé dans la décentralisation politique.

Le terme « ville du monde ou ville globale» est choisi pour décrire les villes les plus globalisées du monde et le rôle fondamental qu'elles remplissent dans l'économie mondiale. Tsukamoto et Vogel notent que la télécommunication avancée des marchés financiers globaux et les corporations transnationales ont conduit à une division globale de travail et à la montée des villes globales considérées comme des centres stratégiques dans le réseau

---

[9] Les vingt méga villes du monde qui sont centralisées ou décentralisées: London (décentralisée), Paris (centralisée), New York (décentralisée), Tokyo (décentralisée), Chicago (décentralisée), Frankfurt (décentralisée), Hong Kong (décentralisée), Los Angeles(décentralisée), Milan (Centralisée), Singapour (Centralisée), San Francisco (décentralisée), Sidney (centralisée, Australie), Toronto (centralisée, Canada), Zurich (centralisée,), Brussels (décentralisée, Belgique), Madrid (décentralisée, Espagne), Mexico City (centralisée, Mexique), Sao Paulo (décentralisée, Brésil), Moscou (centralisée - Russie), Seoul (centralisée, Corée du Sud).

économique mondial (Tsukamoto et Vogel, 2007, p. 16).

Décentralisation Administrative

La décentralisation administrative correspond à la décision d'un gouvernement central de transférer certains pouvoirs administratifs aux gouvernements territoriaux (OCDE, 2001). En plus, Cohen et Peterson décrivent la *décentralisation administrative* comme étant la décision du gouvernement central et de ses agences de conférer aux unités des agences gouvernementales, aux bureaux régionaux, aux unités gouvernementales inférieures, aux institutions publiques semi-autonomes, aux autorités régionales ou fonctionnelles ou aux organisations à vocation non lucrative la responsabilité en matière de planification, du collecte des revenus et de l'allocation des ressources du gouvernement central (1999, p. 24).

En d'autres termes, la décentralisation administrative incarne le transfert d'autorité, des ressources et des responsabilités de l'administration centrale aux bureaux et agences régionales (World Bank, 2008). Cependant, la Banque Mondiale indique que ces bureaux et agences régionaux continuent de s'opérer sous le contrôle et la supervision de leur agence ou ministère de tutelle, source de leur pouvoir. Il est nécessaire de souligner que les autorités locales peuvent s'engager et participer aux prises de décision impliquant les agences ou bureaux décentralisés[10].

Tout compte fait, on peut rejoindre Belanger (2003) pour affirmer que les institutions publiques déconcentrées sont des produits directs « du processus politique » central. Ces unités, soutient Belanger, « sont des agentes du principal qui veut en conserver la maitrise » (2003).

La décentralisation fonctionnelle est un terme récemment adopté qui représente l'évolution de la description traditionnelle (Cohen et Peterson, 1999). Pour Cohen et Peterson, la décentralisation fonctionnelle traduit pratiquement l'expansion des institutions et organisations publiques chargées d'exécuter les tâches associées au secteur public, et cela peut impliquer la capitale ou d'autres régions du pays.

---

[10]Par exemple, en case de cyclones ou d'autres désastres naturels, l'administration locale et les bureaux ou agences représentant le gouvernement central forment un front commun avec les autorités locales pour dégager un plan intégré visant à protéger la population locale et adresser leurs besoins. Aux Etats-Unis, la loi exige la coopération entre les autorités locales, les représentants du gouvernement de l'Etat en question et les officiels fédéraux surtout en matière de santé, de sécurité du territoire national et des désastres.

Quatre aspects essentiels aident à identifier la décentralisation administrative (Cohen et Peterson, 1999):

- *La capacité administrative et financière des gouvernements de produire des biens et des services publics;*
- *L'utilisation de plus en plus fréquente des organisations à buts non lucratifs, des associations civiques et d'autres organisations communautaires dans la production des biens publics et la fourniture des services;*
- *La notion de reddition des comptes sans laquelle l'efficience et l'efficacité n'existent pas;*
- *Les conflits survenus entre les gouvernements locaux et régionaux ; la démocratisation et la participation des gouvernements locaux dans les prises de décision portant sur le développement.*

La décentralisation administrative comprend trois catégories: la *déconcentration*, la *dévolution* et la *délégation* (Cohen et Peterson, 1999). Chaque catégorie présente un panorama particulier et une application distincte. Cependant, elles possèdent des traits communs, car elles dérivent toutes du centre.

Déconcentration – La déconcentration, selon la Banque Mondiale, est « la principale forme de décentralisation administrative » (2008, p. 1). Pour cette institution, cette méthode accorde l'autorité aux administrateurs du gouvernement central - tels que les gouverneurs et les chefs de district cantonnés dans les municipalités ou régions - à prendre certaines décisions soumises aux principes hiérarchiques. Le gouvernement central, motivé par des raisons politiques, maintient le contrôle et l'autorité sur ces administrateurs par le biais des ministères de tutelle, mais il confère aux bureaux juridictionnels l'autorité d'exécuter certaines fonctions et d'adopter des mesures financières et administratives appropriées.

En France et en Haïti, la préférence est accordée à la préfecture[11]. L'autorité détermine le degré de pouvoir des juridictions locales sur les administrations centrales déconcentrées. Les branches administratives régionales peuvent être autorisées à agir indépendamment de la supervision centrale tout comme elles peuvent être dépourvues de cette prérogative.

La majorité des pays où l'administration est déconcentrée comporte un personnage dont le rôle consiste à exercer un contrôle politique sur

---

[11] La Constitution de 1987 a adopté le terme "Délégué" au lieu de conserver le titre "Préfet" largement utilisé avant le départ pour exile du Président Jean Claude Duvalier. Cependant, en réalité, le rôle du bureau de la délégation n'a pas changé. Le délégué reste et demeure un personnage politique au service de l'exécutif.

l'administration des institutions, de veiller à la gestion des choses publiques et de représenter les intérêts du gouvernement central. « La préfecture intégrée » (p. 25) détient les autorités techniques et administratives sur les unités déconcentrées de l'administration centrale. Cependant, « la préfecture non intégrée » comporte l'autorité administrative mais non pas l'autorité de superviser les agents administratifs des institutions déconcentrées.

Le principe de la déconcentration s'applique un peu partout à travers le monde. Le centre dispose des représentants, pour la plupart, politiques dans les municipalités ou régions œuvrant directement sous l'auspice de l'administration mère (Cohen et Peterson, 1999). Pour Cohen et Peterson, ces personnages se chargent de faire appliquer et d'établir l'ordre dans la juridiction.

La représentation politique peut *être intégrée* ou *non intégrée*. Pour la première forme, Cohen et Peterson parle d'une préfecture intégrée qui est mandatée par le pouvoir central à exercer un contrôle technique et administratif sur les agents administratifs du ministère de tutelle. Tandis que, dans la représentation politique non intégrée, Cohen et Peterson soulignent que les représentants du pouvoir central sont dotés seulement de l'autorité administrative, mais ils sont dépourvus du pouvoir de contrôle technique en raison de la volonté des administrateurs de maintenir la supervision sur l'implémentation des lois, des mesures et des programmes. Cohen et Peterson concluent que la préfecture non intégrée est très difficile à administrer et se révèle administrativement inefficiente (1999, 25).

Dévolution : La dévolution suppose le transfert de l'autorité, originalement appartenue au gouvernement central, aux juridictions locales ou régionales à partir d'une législation (Cohen et Peterson, 1999). Dans les pays en voie développement, observent Cohen et Peterson, la dévolution n'est pas solidement explorée parce que les leaders ont peur de céder leur autorité aux unités gouvernementales inferieures.

Cependant, dans le cas de la décentralisation administrative en Uganda, le gouvernement central prend le soin de conférer aux conseils communaux « une autorité politique formelle », les transformer en des officiels élus et non des nominations politiques et de les donner toutes les ressources nécessaires utiles à la provision des services publics et à la gestion des institutions (Azfar, Livingston et Meagher, 2006, p. 224).

Nous devons éviter de confondre la dévolution et la déconcentration des services administrés par le pouvoir central à travers des bureaux placés dans les villes et régions du pays. Dans la pratique, la dévolution suppose « un transfert réel » des pouvoirs du centre aux gouvernements locaux et régionaux (OECD, 2001, p. 16).

Dans un système décentralisé, la dévolution est importante en ce sens qu'elle permet aux citoyens des régions reculées d'avoir leurs empreintes dans les politiques publiques qui impactent leur existence (OECD, 2001). En revanche, grâce à la décentralisation, le centre peut, pour sa part, avoir accès aux informations provenant des régions, ce qui lui permettra d'éliminer les difficultés liées à l'implémentation des politiques publiques (OECD, 2001).

Il est important de noter que la dévolution est faible, conflictuelle ou inopérante sans le support d'une législation ou des régulations définissant ses modalités d'exécution.

L'implémentation des lois régissant le fonctionnement des entités géographiques locales est assurée par une institution centrale, qui peut être le ministère de l'intérieur (en vigueur actuellement en Haïti) (Cohen et Peterson, 1999). Une législation portant sur la décentration permettra au gouvernement central:

> *D'accorder un statut de corporation aux unités locales;*

➢ *D'Etablir clairement la juridiction et les limites de ces unités géographiques;*

➢ *De conférer à ces unités constituées les pouvoirs de planifier, de prendre des décisions et d'exécuter les fonctions relatives à leur gestion;*

➢ *D'autoriser les collectivités territoriales à embaucher leurs propres employés pour remplir les fonctions administratives et fournir des services adaptés aux citoyens;*

➢ *De développer les règles définissant les relations et le mode d'interaction entre les juridictions elles-mêmes et le système gouvernemental en général;*

➢ *De permettre à ces entités géographiques de prélever des taxes prédéterminées par la législation qui les a créées (impôts sur les biens immobiliers, frais d'utilisation, frais de licence, dons et prêts obtenus du gouvernement central, la taxe sur la valeur foncière);*

➢ *Et sur le plan financier, de permettre aux gouvernements locaux d'administrer leur propre budget, la comptabilité des dépenses et les systèmes d'évaluation des programmes* (Cohen et Peterson, 1999, p. 27).

Délégation : Dans un Etat décentralisé, le gouvernement central peut autoriser les unités locales à prendre certaines décisions administratives dans des cas bien déterminés et précis. On parle de délégation, c'est quand le gouvernement central transfert aux juridictions locales l'autorité administrative bien définie de prendre certaines décisions pour régulariser des organisations ou corporations placées sous le control du gouvernement local (Cohen et Peterson, 1999).

Organisations ou corporations qui peuvent tombées sous la juridiction des unités géographiques locales sont les entreprises industrielles appartenant à l'Etat et les compagnies de téléphone et d'électricité, le logement et de transport, les organisations urbaines ou régionales de développement (Cohen et Peterson, 1999). Evidemment, le centre détient le pouvoir de supervision sur les services délégués aux gouvernements infranationaux (Ebel et Vaillancourt, 2001).

De plus, la délégation est mise en jeu dans les activités impliquant la planification régionale[12]. Pour tirer des avantages de certaines activités, certains gouvernements locaux ou toute une région peuvent combiner leurs ressources pour promouvoir l'agriculture, gérer des projets relatifs à l'électricité et la télécommunication, à l'énergie, aux ports et aux transports publics (Cohen and Peterson, 1999).

Décentralisation Fiscale

La décentralisation fiscale est défrichée par plusieurs auteurs. Nous retenons, en effet, la description offerte par Richard M. Bird, à savoir, « La décentralisation fiscale est définie en fonction de la personne qui en fait l'usage » (1993, p. 208) – (*Fiscal Decentralization seems to mean whatever the person using the term wants it to mean.*). Cependant, explique Bird, deux grands et distincts concepts sont attachés à la décentralisation fiscale :

- **La décentralisation est un processus de haut en bas (top down)** – D'un côté, cette

---

[12] Dans le cas d'Haïti, la planification régionale peut englober tout le département géographique. Le plus souvent, elle sert à créer l'uniformisation dans la région en ce qui a trait au développement économique, le développement humain, l'environnement, le management des eaux, l'agriculture, la construction et l'utilisation des terres vacantes. Par exemple, en Floride (Etats Unis), il y a le « South Florida Water Management System » qui s'occupe du manage de l'eau pour tout le sud de l'Etat de la Florida.

approche conçoit la décentralisation comme le canal par lequel le gouvernement central s'affranchit des déficits et les transfère aux gouvernements infranationaux. De l'autre côté, elle peut être un instrument utilisé par le centre pour exécuter ses fonctions de manière efficace en délégant certains pouvoirs aux gouvernements locaux. Enfin, cette méthode peut être utilisée pour élargir le cadre du pouvoir du gouvernement central à l'égard des collectivités territoriales.

- **La deuxième approche embrasse la philosophie de « bas en haut »** - à cette approche s'attache deux aspects: 1) les attributs politiques qui supportent la gouvernance basée sur la réceptivité et la participation politique; 2) l'utilisation efficiente des fonds alloués aux ordres régionaux et locaux.

Evidemment, s'écrie Richard M. Bird, « ... il y a un coût réel pour tous les services » rendus par le gouvernement (2001, p. 172). La réalité, écrit-il, c'est que quand un service n'est lié à aucun prix, les gens tendent à le consommer d'une façon démesurée, ce qui peut engendrer l'alourdissement du budget public.

La décentralisation n'est pas complète si elle néglige la répartition des revenus entre le gouvernement central et les collectivités territoriales. Ce concept, appelé aussi décentralisation financière, « est la répartition des ressources publiques et l'organisation des rapports financiers entre l'Etat et les collectivités locales » (Yatta, 2000, p. 1).

Yatta (2000) reconnait que la décentralisation financière doit spécifier les sources de revenus destinées à l'Etat central, les revenus qui sont repartis entre l'administration centrale et les gouvernements locaux, et l'assiette fiscale consacrée uniquement aux collectivités régionales. « Le processus de la décentralisation financière est un ajustement et une expérimentation continus (Ebel et Vaillancourt, 2001, p. 161) » parce qu'il change en fonction de l'économie du pays, de la démographie et des institutions, incluant les institutions financières.

La loi qui légitime la décentralisation doit préciser les responsabilités fiscales de chaque ordre gouvernemental pour éviter les veines mésententes entre les collectivités territoriales d'une part, et d'autre part, entre les collectivités territoriales et le centre. Selon Muwonge et Ebel (2014), la loi autorisant la décentralisation doit fournir les détails appropriés sur les attributions et limites de chaque niveau de gouvernement en matière fiscale. La loi doit répondre aux questions suivantes (Muwonge et Ebel, 2014, p. 2):

1. Quelle la responsabilité financière de niveau de gouvernement ?
2. Quelles sont les taxes attribuées au gouvernement central et celles associées aux collectivités territoriales?
3. Comment adresser le déséquilibre fiscal entre le gouvernement central et les juridictions locales, et entre les collectivités locales elles-mêmes ? (Cette question entre directement dans le cadre des transferts que le gouvernement central octroie aux ordres gouvernementaux inferieurs leur permettant de balancer leur budget et de fournir les services adéquats aux citoyens.).
4. Comment résoudre les questions relatives aux prêts entamés par les collectivités territoriales pour réaliser des projets publics de grande magnitude ?

Conflits

La dévolution mal conçue peut être une source de conflits entre les ordres gouvernementaux. C'est pourquoi la loi autorisant la décentralisation doit définir clairement les relations existant entre les entités elles-mêmes, les municipalités et les régions et entre les municipalités, les régions et l'administration centrale. Pour éviter des conséquences négatives, la législation sur la décentralisation doit créer de nouvelles institutions et des méthodes de coordination des relations entre les unités géographiques (OECD, 2001).

OECD (2001) souligne que la dévolution entraine souvent des mésententes entre le centre et les juridictions locales en raison du fait que le gouvernement central retient certaine marge de manœuvre et un peu de contrôle sur leurs actions. Dans ce contexte, rapporte OECD, il convient de mettre en place les mécanismes appropriés pour apaiser les tensions et permettre aux gouvernements locaux de remplir leurs fonctions à l'égard de leur communauté. Tout compte fait, souligne Bird (1993), le choix de la politique qui devrait être priorisée au niveau local est une source de conflit entre les gouvernements infranationaux et le gouvernement central même si les deux branches favorisent le bienêtre de la population.

La législation doit aussi prescrire la relation verticale qui doit caractériser les niveaux de gouvernements : local, régional et central. La coordination verticale est importante parce qu'elle peut aider à créer l'harmonie entre les différentes unités.

Dévolution et Globalisation

OECD (2001) écrit que la dévolution enrichit la globalisation et transforme le rôle des gouvernements locaux s'agissant de leur capacité d'élaborer des plans de développement émanés de l'intérieur, utilisant leurs propres ressources humaines. Evidemment, reconnait OECD, le centre continue de fournir l'infrastructure pour faciliter et renforcer les activités macroéconomiques. Cependant, la globalisation crée un état de compétition nourrie entre les unités locales qui, en s'engageant dans le développement économique, cherchent à attirer et retenir « les compagnies, les ressources, la compétence, les investissements et les infrastructures technologiques » (2001, p. 44).

Clairement, les grandes firmes sont une source sûre d'emplois, une prescription génératrice d'activités économiques et d'augmentation de l'assiette fiscale locale. Pour cela, les autorités locales les offrent des avantages lumineux pour essayer de les convaincre à choisir leur endroit pour établir leur centre principal d'opération.

OECD (2001) note qu'il est vrai que la décentralisation a changé la dynamique des relations entre les unités locales et le centre d'une part, et d'autre part entre les unités locales et les réseaux d'investissements, mais le pouvoir de déterminer l'ampleur et les frontières de la marge de manœuvre des juridictions locales appartient à l'Etat-nation. Les Etats-nations retiennent leur supériorité sur les gouvernements locaux et régionaux et sont « les principaux décideurs » en ce qui a trait à la régularisation des processus de la globalisation grâce à des politiques publiques sur le commerce, sur les investissements et sur l'environnement (OECD, 2001, p. 29).

La globalisation, écrivent Gross et Hambleton (2007), rend le monde « aplati » (p. 1). Il y a, selon eux, une connexion horizontale rendue possible grâce aux ordinateurs, aux messages électroniques, aux réseaux, à la téléconférence et aux logiciels dynamiques qui sont à la portée d'un très grand nombre de personnes à travers le monde. Tout cela a provoqué une économie basée sur la connaissance.

Aujourd'hui, le grand constat est que les biens qui forment la mosaïque des échanges commerciaux entre les pays sont les voitures, le pétrole, les pièces de réparation pour les ordinateurs, les habits et les semi-conducteurs (Gross et Hambleton, 2007, p. 4).

A la lumière de cette approche, Gross et Hambleton soutiennent que des villes ont tiré profit de leur lien avec les réseaux de pouvoir et d'information. Pour le reste, la globalisation et l'urbanisation exigent le leadership et la compétence managériale de la part des officiels locaux (Hambleton, 2007).

Le Rôle des Autorités Locales dans un Etat Décentralisé

Les échelons locaux sont créés pour assumer certaines responsabilités spécifiques dans l'espace géographique dans lequel elles se trouvent confinées. Aux Etats-Unis où il existe plusieurs paliers de gouvernement: National, Etat, local (Comté, municipalité), chacun des étages gouvernementaux possèdent des compétences différentes, même si dans certains cas, ces compétences peuvent être mutuelles. Par exemple, les Comtés (Counties), placés entre l'Etat et la municipalité, remplissent les fonctions suivantes (l'Observatoire de l'Administration Publique, 2005, p. 6):

- L'administration judiciaire et les services de la police
- Les licences et les permis de tous ordres
- L'éducation
- La santé
- L'assainissement et les services d'hygiène
- Les services de protection et de prévention contre les incendies
- Les bibliothèques
- La protection de l'environnement

La municipalité (city, town, village) est une subdivision politique à l'intérieur de laquelle une corporation municipale a été établie pour doter d'un gouvernement local une concentration spécifique de population occupant un territoire défini (l'Observatoire de l'Administration Publique, 2005, p. 6).

Le Partage de Ressources

Il est vital qu'une législation consacrée à la décentralisation prenne en compte le partage des ressources afin d'éviter d'éventuels mésententes entre l'Etat central et les administrations locales.

En Afrique, où la décentralisation s'est introduite depuis quelques années, le partage des impôts s'est heurté à certaines difficultés d'ordre mécanique. En effet, la loi sur la décentralisation définit les types d'impôts appartenant aux gouvernements locaux et établit « les plafonds de ressources autorisés dans le cadre de la structure des impôts locaux » (Yatta, 2000, p. 1). Cependant, explique Yatta, les collectivités sont privées de ressources pouvant leur permettre d'évaluer leur capacité fiscale, de déterminer les fonds dus par le gouvernement national. En plus, argue Yatta, les administrations régionales ou locales, jouent un rôle minime dans le schéma fiscal. Par exemple, Yatta soutient que dans les pays francophones d'Afrique, « ce sont les services du Ministère des finances qui établissent l'assiette fiscale, émettent les rôles et assurent le recouvrement » (2000, p.1). En réalité, cette pratique ne répond pas aux normes de décentralisation applicables aux pays modernes. Haïti doit tirer des leçons de l'expérience africaine afin d'ériger un vrai système de décentralisation financière.

En plus, dans certains pays de l'Afrique, l'Etat partage les impôts avec les collectivités à travers la méthode dénommée « l'ajout de centimes additionnels » à la taxe collectée pour le gouvernement central (Yatta, 2000, p. 1). Cependant, les ordres infranationaux ne disposent d'aucun moyen pour déterminer ce que représente leur part fiscale. Les mêmes difficultés se soulèvent dans les pays qui favorisent la taxe sur la valeur ajoutée (TVA) comme méthode de remboursement.

Sources des Revenus Locaux

Les gouvernements infranationaux obtiennent leurs revenus de plusieurs sources. La loi établit les taxes appartenant aux juridictions locales et celles utilisées par le gouvernement central. En Ouganda, par exemple, les revenus des municipalités dérivent des impôts sur les biens immobiliers et mobiliers (property tax)[13] et sur d'autres frais (Azfar, Livingston et Meagher, 2006).

---

[13]Impôts sur les biens mobiliers et immobiliers sont définis comme ceux « imposés sur la valeur des propriétés mobiles et immobiles, telles que les voitures, les maisons, les bateaux et d'autres biens (Alexis, 2011, p. 87).

Selon Azfar, Livingston et Meagher, les municipalités jouissent de la discrétion d'établir le taux des impôts jugé nécessaire. Cependant, si elles entendent adopter de nouvelles taxes, elles doivent obtenir l'approbation du Ministère du Gouvernement Local ou du Parlement (Azfar, Livingston et Meagher, 2006).

Les sources de l'assiette fiscale des collectivités territoriales peuvent constituer des taxes, des frais d'utilisation et du partage des revenus suivants :

Frais d'utilisation: Ces frais font partie intégrale de la finance publique en général. Ils s'appliquent surtout dans le cas où le service en question exerce un impact sur toute la population[14] (Ebel et Vaillancourt, 2001). Dans certains endroits aux Etats-Unis, on paie pour utiliser les endroits de loisirs (Parks), l'eau potable, le ramassage des ordures, etc.

Taxes foncières sur les propriétés bâties et non bâties: Les impôts fonciers sont les plus importants revenus locaux (Bird, 2001). Ces genres de taxes sont très appropriés aux administrations locales. Le prélèvement

---

[14]Par exemple, le service d'eau portable, la librairie, les espaces verts et les centres d'attraction.

d'une pareille taxe fait appel à« des mécanismes institutionnels » efficaces pouvant servir de repère à un système solide d'impôts fonciers (Ebel et Vaillancourt, 2001, p. 163). Un système de taxation locale inefficace peut déboucher sur des résultats néfastes, expliquent Ebel et Vaillancourt.

Partage des revenus: Cela arrive quand le gouvernement central prélève les taxes en général et envoie une portion aux gouvernements locaux. Le système est avantageux en ce sens qu'il est simple sur le plan administratif. Il s'applique surtout dans les pays où les juridictions locales ne disposent pas d'infrastructure adéquate leur permettant de prélever les taxes. Cependant, en termes de désavantage, il maintient les gouvernements locaux sous la dépendance du gouvernement central (Ebel et Vaillancourt, 2001).

Impôt sur le revenu : Souvent considérée comme un revenu du gouvernement central, cette taxe peut être aussi utilisée par les municipalités et les régions (Ebel et Vaillancourt, 2001). Beaucoup d'Etats américains ont adopté la taxe sur le revenu comme leur principale source de revenu, mais l'état de la Floride privilégie la taxe à l'achat. Cependant, l'administration et le mécanisme de la collecte des revenus peuvent réclamer une structure solide.

Broad-based business levies (Prélèvements généraux sur les entreprises): ces genres de revenu sont moins adaptés aux gouvernements locaux (Ebel et Vaillancourt, 2001). Selon Ebel et Vaillancourt, leur application au niveau local pourrait nuire à « l'uniformisation nationale » concernant les charges fiscales appliquées contre les firmes et la taxe de la valeur ajoutée (TVA) (2001, p. 163).

Il est important de noter les observations logiques de Melville Macmillan et de Bev Dahlby[15]. Ils soutiennent que l'impôt foncier, traditionnellement considéré comme la source principale de revenu local, est pratiquement suffisant pour financer les exigences financières auxquelles les grandes villes se confrontent contrairement à certains analystes qui font croire que "la taxe foncière ne répond pas à la croissance économique, génère des recettes inadéquates pour le financement des infrastructures et des services municipaux, est hautement régressive et entrave le

---

[15] Melville McMillan est Professeur Emérite au « Department of Economics » à University of Alberta.
Bev Dahlby, distingué collègue à « School of Public Policy » et Professeur au « Department of Economics » à University of Calgary.

développement et la croissance économique (McMillan et Dahlby, 2014, p. 1).

Les Transferts et Subventions

Dans un Etat décentralisé, l'administration centrale effectue des transferts ou partage ses revenus avec les collectivités territoriales pour augmenter leur capacité à fournir des services à la population et à remplir leurs fonctions d'une manière efficace. Cette méthode est appliquée dans beaucoup de pays.

En termes de définition, *les transferts* sont des fonds que le centre octroie aux gouvernements locaux pour supplémenter leur budget et leur permettre de répondre aux besoins de leur population (Ebel et Vaillancourt, 2001). Dans certains cas, comme en Uganda, les subventions nationales s'accompagnent de certaines restrictions et définissent les services auxquels ils s'attachent.

Le mécanisme d'affectation des subventions n'est pas différent dans un pays comme les Etats-Unis. Les subventions sont pré-désignées à être affectées à certaines dépenses publiques, tels que l'éducation, le transport public, les programmes sociaux, les tribunaux locaux, etc. La distribution discrétionnaire des fonds émanés du gouvernement national se relève de la responsabilité des Etats. Les fonds de transfert sont acheminés premièrement aux Etats, qui eux-mêmes les distribuent aux comtés et villes. Comme aux États-Unis, les municipalités de l'Uganda sont soumises à certaines obligations sévères de présenter des rapports sur la façon qu'elles ont utilisé les fonds reçus (Azfar, Livingston et Meagher, 2006). Il faut souligner, dans certains cas, les gouvernements locaux ne reçoivent pas les subventions au moment opportun, ce qui exerce un impact négatif sur leurs finances publiques (Azfar, Livingston et Meagher, 2006).

Les subventions du gouvernement fédéral américain aux Etats et aux collectivités locales sont regroupées en trois catégories (GAO, 2012) :

a. Subventions par catégorie : ce sont les subventions les plus restreintes qui peuvent être utilisées strictement dans des activités reflétant l'objectif préétabli (Ex : des fonds décaissés pour assurer des soins de santé aux vieillards).

b. Subventions globales sont moins restreintes en termes de discrétion accordée aux collectivités territoriales. Ces dernières sont permises d'utiliser ces fonds dans des projets de développement, des programmes de soins de santé et dans des programmes visant à résoudre des problèmes auxquels elles font face.

c. Les subventions à usage général, tel que le partage de revenus, accordent une plus large discrétion aux récipiendaires. La seule exigence imposée aux juridictions locales (Etats, Comté et villes), c'est qu'elles dépensent les fonds dans les activités publiques.

En Afrique du Sud, durant l'Apartheid, le gouvernement pouvait choisir de retenir les fonds destinés aux gouvernements locaux qui se montraient hostiles au système politique en place (Wittenberg, 2006). Le système de décentralisation était aussi compliqué sous le régime d'apartheid. La nouvelle forme adoptée à partir des récentes réformes a simplifié la chaine décentralisée. Elle comprend le gouvernement national, les provinces, les conseils municipaux et les municipalités (Wittenberg, 2006).

En termes de mécanisme de transfert de fonds, le système financier de décentralisation appliqué en Afrique du Sud a été révisé en 1997, selon Wittenberg (2006). Le nouveau système exige une série d'interaction entre les provinces, les représentants des gouvernements infranationaux et le parlement. Wittenberg écrit que le budget national sud-africain contient des provisions sur le partage des revenus dans le sens 1) vertical, i.e., entre les différentes sphères nationales, 2) partage horizontale réalisé entre les provinces, et le partage horizontal entre les municipalités elles-mêmes (2006, pp. 339-340). Wittenberg avance pour dire que les contributions nationales se réalisent en fonction des services tels que: éducation, santé, sécurité sociale, population, infrastructure, output économique.

Le système de transfert prévoit aussi « des supports limités » destinés à aider les municipalités les plus pauvres à exécuter leurs « dépenses administratives » (Wittenberg, 2006, p. 342). En fin, en termes de sources de revenus utilisées au niveau local, l'Afrique du Sud utilise les impôts immobiliers et mobiliers et les frais d'utilisation (Wittenberg, 2006).

Les Services publics

Les services publics appelés aussi biens publics sont les suivants :

La sécurité, les moyens de faire appliquer la loi et les mesures sécuritaires, les droits politiques de participer aux activités politiques du pays et de se présenter aux élections, les soins médicaux et les soins de santé, l'école et les instructions scolaires à tous les niveaux, les routes, les chemins de fer, les ports, et d'autres infrastructures physiques telles que les réseaux de communication, l'argent et un système bancaire supporté par une banque centrale qui comporte une monnaie nationale et, enfin, un système fiscal et institutionnel incitant les activités entrepreneuriales. (Rotenberg, R. I., 2004, 3).

Quand un service est déclaré public, il doit être affecté à l'une des sphères gouvernementales (Ebel et Vaillancourt, 2001) afin d'éviter la confusion. D'ailleurs, une loi de cadre de décentralisation bien conçue éliminera la question d'appartenance d'un service public. Chaque service public doit être lie à un ordre gouvernemental bien précis afin d'éliminer toute confusion dans la phase d'implémentions.

Structure de la Décentralisation Fiscale

Les lignes suivantes servent de guide sûr aux décideurs politiques impliqués dans le processus de décentralisation. Ces éléments sont adoptés dans beaucoup de pays et sont tirés de l'œuvre de Edward M. Gramlich (1993, p. 234-235):

a) *Les services publics doivent être assurés par le niveau le plus bas de l'échelle gouvernementale, ou la juridiction contrôlant la plus petite espace géographique.*

b) *L'utilisation des frais et recettes locales et l'impôt foncier sont des formes sûres de finances locales.*

c) *Les programmes de distribution concernant le capital humain doivent être une*

responsabilité mixte du gouvernement
national et des collectivités territoriales.
d) Les subventions spécifient le ou les
programmes bénéficiaires de l'allocation
budgétaire.
e) Les politiques monétaires du gouvernement
national ont priorité sur les mesures
monétaires locales.

La loi sur la décentralisation doit éviter de créer des collectivités territoriales dépendantes de l'administration centrale. Dans le cas de la Corée du Sud, l'Etat central a erré dans la conception de la nomenclature de décentralisation. La Corée du Sud s'élançait dans le mouvement de la décentralisation au cours des années 80. Le démarrage se heurtait à des difficultés d'ordre structurel. Selon une étude réalisée par OCDE (2005), le pouvoir central restreignait les marges de manœuvre des administrations locales en limitant leur budget, leur autonomie et leurs ressources. En raison de l'attitude centralisatrice du pouvoir central, les municipalités sont devenues dépendantes des subventions financières en provenance de l'administration centrale (OECD, 2005)

VI
Décentralisation Face à la Démocratie, au Développement Economique et à la Réduction de la Pauvreté

Bien que la décentralisation suppose un transfert de pouvoirs et de ressources du centre aux unités périphériques, elle n'efface pas complètement le rôle important de l'administration centrale dans la direction que doivent suivre les juridictions locales. Le centre reste le leader en matière du mécanisme de régulations concernant l'emploi, le salaire minimum et les incitations ; le support accordé aux efforts de développement régional, la promotion du redéveloppement et la revitalisation et l'égalisation des ressources dans les villes et les régions (Tsukamoto et Vogel, 2007, p. 18).

Le gouvernement national, en effet, continue de maintenir une présence accentuée dans les affaires des villes en raison surtout de la globalisation et de leur autorité prépondérante dans la conceptualisation des grandes politiques du pays.

La décentralisation a le potentiel:

1. *De permettre aux pauvres de mieux se faire entendre;*
2. *D'améliorer leur accès à des services publics de meilleure qualité;*
3. *De réduire leur fragilité.* (Jütting, Corsi et Stockmayer, 2005, p. 2)

Pour que la décentralisation puisse être un déterminant de réduction de la pauvreté, le pouvoir central doit prioriser des mesures de réformes qui octroient des ressources adéquates aux municipalités, ce qui leur habilitera à remplir leurs fonctions efficacement ((Jütting, Corsi et Stockmayer, 2005, p. 3). Selon Jutting, Corsi et Stockmayer, ces mesures mettront en œuvre des critères qui inciteront la participation des citoyens dans les prises de décision, la bonne gestion des collectivités territoriales, la réduction de la corruption et la pratique de bonne gouvernance.

Une politique de décentralisation favorisant la réduction de la pauvreté établira une différence administrative claire entre les attributions du gouvernement central et celles des municipalités. Jütting, Corsi et Stockmayer(2005) soulignent que dans certains pays, le pouvoir central exerce « une ingérence marquée » sur les pouvoirs locaux. C'est le cas, par exemple, de Nicaragua où l'Assemblée Nationale retient le pouvoir d'approuver les budgets des municipalités (Jütting, Corsi et Stockmayer, 2005). Le centre explique son ingérence par l'insuffisance de compétences adéquates au niveau des ordres locaux (Jütting, Corsi et Stockmayer, 2005).

A. La Décentralisation et la Démocratie

La décentralisation est un complément à la démocratie, car elle accorde aux citoyens le pouvoir de contrôler les actes des officiels locaux, d'exiger une administration locale transparente, et « d'optimiser de façon globale la gouvernance locale » (Jütting, Corsi et Stockmayer, 2005, p. 2). Elle garantit la participation des citoyens à tous les débats associés aux politiques publiques nationales, car ils peuvent communiquer directement leurs opinions à leurs représentants (Bardhan et Mookherjee, 2006). Bardhan et Mookherjee observent que la participation citoyenne dans un système décentralisé favorise « l'ordre social » (2006, p. 4).

Des études réalisées dans le monde ont indiqué que la décentralisation a produit un impact positif en ce qui a trait à la réduction de la pauvreté dans les pays suivants: la Bolivie, la Chine, le Ghana, l'Inde, le Mexique, les Philippines et l'Afrique du Sud.

La décentralisation suppose un transfert de responsabilités aux officiels locaux. L'un des instruments qui leur permettra d'exercer leurs fonctions efficacement est la notion de compétence. C'est pourquoi la loi sur la décentralisation doit envisager les mécanismes nécessaires pour supplémenter les compétences locales.

Cependant, le transfert des compétences du gouvernement central aux gouvernements locaux ne peut pas être mené sans les ressources financières. Au Botswana, par exemple, l'Etat central accorde l'appui financier aux collectivités territoriales pour « compenser les charges des compétences transférées (Yatta, 2000, p. 3). En plus, l'administration centrale prévoit « un système de prêts aux collectivités locales » et « des subventions d'équipement » (Yatta, 2000, p. 3).

En Ouganda, l'Etat dispose de trois types de support destiné aux juridictions locales : 1) des transferts ou reversements octroyés aux administrations locales leur permettant de fournir un minimum de service aux citoyens ; 2) « des subventions conditionnelles » destinées à financer des projets conjointement supportés par l'Etat et les collectivités locales ; 3) des subventions ayant pour objectif de renforcer la capacité financière des collectivités à faibles revenus afin de niveler la qualité des services fournis dans les collectivités territoriales (Yatta, 2000, p. 3).

Au Maroc, la dotation versée aux collectivités territoriales se réalise en fonction de la TVA (valeur de la taxe ajoutée) (Yatta, 2000). Selon Yatta, le Maroc transfère 30% de la TVA aux juridictions locales. Cette dotation se sert à appuyer l'administration et les programmes d'équipement à travers le Fonds d'Equipement Communal.

B. Décentralisation et Développement Economique

Dans un pays décentralisé, le gouvernement central et les municipalités peuvent prioriser des cibles d'investissement différents. Par exemple, après l'implémentation de la décentralisation en Bolivie, l'Etat central a concentré ses dépenses sur « le transport, l'hydrocarbone, l'assistance technique et les aides d'urgence, et l'énergie » (Faguet, 2006, p. 128). De leur part, indique Faguet, les gouvernements locaux ont ciblé l'éducation, le développement urbain, l'eau potable et l'assainissement.

De plus, la décentralisation en Bolivie a entrainé l'élimination ou la diminution de l'inégalité des subventions. Avant la décentralisation, trois (3) districts recevaient plus de trois quarts (3/4) des fonds transférés par le gouvernement central aux juridictions locales, affirme Faguet. La décentralisation a amené le nivèlement des investissements du centre au niveau de l'espace géographique nationale. Les bénéfices sont également repartis entre les municipalités, ce qui permet aux régions pauvres de recevoir le même traitement que les régions riches, soutient Faguet. En d'autres termes, l'Etat central entame un important investissement dans « les services sociaux et la formation du capital humain » (Faguet, 2006, p. 132). Tout compte fait, la décentralisation a porté le centre à être plus réceptif aux besoins des populations locales, souligne Faguet.

Le cas de la Bolivie montre combien la décentralisation peut inciter des modifications dans les conditions économiques d'un pays à travers une politique convergée vers le développement des régions défavorisées et vers la distribution équitable des fonds. Aussi, il nous permet de comprendre que les municipalités doivent avoir l'autonomie de choisir leurs priorités d'investissement pour améliorer la vie des citoyens et créer les conditions favorables au développement économique.

La liberté de choisir leur propre piste de développement selon un plan régional et voir national s'aligne avec les initiatives en pleine considération dans les économies émergentes.

Pour être un acteur international, la ville doit répondre à certains critères dont un système éducatif innovant qui prépare une main d'œuvre moderne. Aux Etats-Unis, l'éducation primaire et secondaire se place sous le contrôle des autorités locales. Cela leur permet de concevoir un système éducatif qui s'adapte à la réalité en matière de l'exigence du marché du travail dans la région ou l'état (Berube, 2012). Depuis plusieurs années, les grandes villes du Brésil multiplient les efforts en vue d'obtenir le pouvoir de façonner un système éducatif correspondant à leurs ambitions (Berube, 2012).

Ainsi faut-il souligner que le rôle des collectivités territoriales a drastiquement changé en vue de répondre non seulement aux attentes des populations locales mais aussi à la vision fondamentale qui les a propulsées. En France, « les collectivités territoriales sont des institutions politiques, mais aussi productives au sens où comme tout acteur économique, elles doivent offrir des biens et des services au meilleur rapport qualité/prix » (Moreau, 2011, p. 178).

C. La Décentralisation et la Réduction de la Pauvreté

La décentralisation est aussi analysée en termes de réduction de la pauvreté. Des observateurs curieux ont scruté la littérature appliquée à la décentralisation en vue de déterminer son rapport avec l'allègement de la pauvreté. Dans leur document de travail élaboré pour OCDE (Organisation pour la coopération et le Développement Economiques), Jütting et ses alliés

(2004) nous apportent une réponse positive quant au lien existant entre la décentralisation et la pauvreté. Leurs études sont assises sur trois chantiers majeurs: *voiceless (les sans-voix), vulnerability (vulnérabilité) et limited access to social services (accès limité aux services sociaux)* (Jütting et al, 2004, p. 10). Ces trois dimensions sont, en fait, explorées sur le plan politique et économique.

La décentralisation démocratique ou politique entraine une augmentation de la participation des citoyens au « processus des prises de décisions au niveau local ». Dans les pays centralisés, le processus des décisions politiques est presque inaccessible aux citoyens appartenant aux régions reculées en raison, expliquent Jütting et ses collègues, de « l'insuffisance de la représentation » (2004, p. 11). Pourtant, reconnaissent Jütting et ses alliés, la décentralisation a le potentiel de rendre les services publics plus accessibles aux citoyens locaux et de « réduire la vulnérabilité et l'insécurité » (2004, p. 11).

Du point de vue économique, la décentralisation peut réduire la pauvreté grâce à l'augmentation de l'efficacité et à la meilleure application des services publics. Le renforcement du mécanisme de fourniture des services publics peut garantir l'accessibilité des pauvres « à l'éducation, à la santé, à l'eau potable, ... et à l'électricité » (Jütting et al, 2004, p. 11). Enfin, le transfert « des pouvoirs et des ressources à l'échelon local peut également aider à mieux cibler les pauvres » (Jütting et al, 2004, p. 11).

La décentralisation aide à combattre la pauvreté dans les pays suivants: la Bolivie, les Philippines, l'Inde (West Bengal), la Chine, l'Afrique du Sud, le Mexique et le Ghana. Cependant, ses effets sur la pauvreté sont moins positifs dans certains pays tels que Paraguay, Brésil, Népal, Vietnam, Egypte, Ethiopie, Uganda, Guinée, Mozambique, Burkina Faso, le Népal. Partant, les acteurs politiques doivent façonner une décentralisation ciblant la réduction de la pauvreté, la croissance économique et le développement social. Tout compte fait, pour Jütting et ses alliés, une décentralisation placée dans une approche contextuelle et systémique bien calculée peut évidemment contribuer à la réduction des coûts des services publics et à la satisfaction des usagers.

VII
La Décentralisation En Haïti

Réformer le gouvernement et déléguer des responsabilités aux collectivités territoriales semblent préoccuper les décideurs politiques des pays industrialisés aussi bien que les pays en voie de développement. Les cinq dernières décennies ont été marquées en fait par un mouvement de décentralisation utilisé comme l'un des leviers pour inciter la performance du secteur public et pour fournir des services à tous les citoyens. La Banque Mondiale, selon Moision (2012, p. 1), a clairement énoncé l'objectif que ces réformes devraient cibler:

"A well-functioning public sector that delivers quality public services consistent with citizen preferences and that fosters private market-led growth while managing fiscal resources prudently".

(Un secteur public efficace qui offre des services publics de qualité conformes aux besoins des citoyens et qui favorise la croissance dans le secteur privé tout en utilisant les revenus avec prudence.)

Alors que plusieurs promesses en faveur de la décentralisation se sont dégagées dans le passé, dans la pratique, l'Etat haïtien a eu du mal à adopter et mettre en œuvre un plan de réforme de décentralisation rationnelle. Est-ce que c'est une question de volonté, de savoir-faire, de vision ou de leadership? Ou tout simplement la perpétuité de l'archaïsme de la machine de gestion du pays ? L'observateur avisé s'inclinerait à choisir toutes les raisons ci-dessus avancées.

Il y eu, en effet, certaines démarches qui ont conduit à une piste d'aménagement du système de finances locales. Port-au-Prince a fourni des techniciens aux administrations locales, ce qui représente une forme de décentralisation administrative. Cependant, les collectivités territoriales continuent de dépendre entièrement de l'administration centrale presque trois décennies après l'adoption de la Constitution 87 qui se prononce clairement en faveur de la décentralisation. Cette dernière pourrait représenter un leitmotiv de changement pour le pays puisqu'elle poursuivrait le but de développer les municipalités et de les doter d'un système de gestion et d'institutions chargées de maximiser leur potentiel d'épanouissement socio-économique.

La décentralisation peut se réaliser en Haïti si une concertation réelle existe. Pour devenir une réalité, la « … décentralisation exige un effort de coordination importante. Au moins trois groupes principaux doivent soutenir les réformes : *les politiciens nationaux ; politiciens locaux ; et, bien sûr, le public* » (Tom, Randall et Sims, 2014, p. 3). Ces groupes, poursuivent Gash et ses collègues, se caractérisent par « des intérêts » et « des valeurs et priorités » incohérents. Ils peuvent, estiment-ils, entraver le processus de décentralisation d'un pays. Cependant, il parait logique de les impliquer dans les débats afin d'aboutir à un consensus favorable à une législation représentative de toutes les tendances.

Depuis 1804, Haïti a adopté une forme d'administration centralisée qui a privilégié, pour son propre malheur, une gestion « top down » (de haut en bas) des affaires publiques. Le résultat est sans équivoque une défaite embarrassante pour la première République noire. Dans leur livre titré, « Haïti : The Failure of Politics »[16], Brian Weinstein et Aaron Segal observent que le maigre progrès économique observé en Haïti durant le premier siècle de son existence était concentré à Port-au-Prince et bénéficiait en grande partie les classes privilégiées (1992)

Les conditions actuelles des villes haïtiennes sont le résultat direct de la politique de centralisation menée par les gouvernements depuis

---

[16] Haïti : l'Echec de la Politique

la naissance du pays en 1804. Aucune autorité locale n'a les moyens de résoudre même le problème le plus ordinaire sans le secours de l'administration centrale. Les municipalités haïtiennes doivent se référer au gouvernement central pour trouver les ressources financières en cas de catastrophe. Il est évident, à partir du comportement de l'Etat central, que les provinces ne jouissent d'aucuns droits.

La centralisation des biens publics et des prises de décisions financières, administratives et politiques à Port-au-Prince est l'une des causes du sous-développement du pays. Cette pratique est aussi l'une des plus rétrogrades du continent Américain. Aucun pays ne peut servir ses citoyens effectivement avec une telle pratique discriminatoire et avilissante.

Malgré les prescrits de la Constitution de 1987 - amendée en 2011 - en faveur d'un partage du pouvoir décisif, administratif et politique, les départements et les communes continuent de souffrir de l'inaction explicitement rétrograde et délibérée des gouvernements qui se sont paradés au pouvoir à Port-au-Prince. Déficit de vision ou simplement la volonté vicieuse de freiner toute avance de développement et de progrès du pays? La réponse n'est pas un simple exercice d'esprit, car aucun motif, au seuil du XXIe Siècle, ne peut expliquer le mutisme ou le refus des dirigeants de lancer sans malice le processus de décentralisation.

Des décennies après l'adoption de la Charte fondamentale de 1987, Haïti reste un pays foncièrement centralisé. Les politiciens gardent dans leur esprit une raison profonde que la masse des villes de provinces ignore.

L'Etat haïtien a, certes, tenté d'entamer des réformes administratives et de lancer la décentralisation par 1) la création de la Commission Nationale pour la Réforme Administrative en 1996 ; 2) la publication d'un décret en 2005 établissant un sentier légal pour démarrer la décentralisation; 3) le Programme-Cadre de Réforme de l'Etat en 2007 (Programme-Cadre de Réforme de l'Etat 2012-2-17, Office de Management et des Ressources Humaines, 2012), et la Proposition de Loi approuvée par le Sénat en avril 2013 dont l'objectif constituait à concrétiser la décentralisation. De cette avalanche de lois et documents sont nées trois institutions : Le Secrétariat Général de la Présidence ainsi que celui de la Primature, le Conseil Supérieur de l'Administration et de la Fonction Publique (CSAFP) et l'Office de Management et des Ressources Humaines (OMRH) (Programme-Cadre de Réforme de l'Etat 2012-2-17). Ces organismes sont investis de la mission de poser les jalons d'un système administratif efficace assis sur des structures et procédures administratives logiques.

Le Programme-Cadre de Réforme de l'Etat 2012-2017 se voulait être prometteur. Il entendait doter Haïti d'« une administration moderne, efficace, honnête, impartiale, au service des citoyens, et capable de gagner la confiance de la population et de préserver l'Etat de droit » (Programme-Cadre de Réforme de l'Etat 2012-2-17, p. 10). Selon ce même document, l'objectif ambitionné consiste à atteindre le développement durable à travers l'innovation, les structures procédurales, la déconcentration des services publics, la décentralisation et l'adoption de la technologie de l'information et de la communication.

Nous savons, en se basant sur la nomenclature politique et administrative haïtienne, que les nominations dans toutes les institutions publiques, incluant celles qui devraient être administrées par les officiels locaux, sont exécutées par les officiels de Port-au-Prince, cela constitue un accroc à toute évolution moderne de la fonction publique et de la bureaucratie.

En 2005, une institution dénommée OMRH a été créée. Sa mission a consisté à embaucher des gens compétents pour l'administration publique et à veiller à la bonne marche des institutions publiques. Pourtant, la politique reste encore la voie par laquelle on pénètre l'administration publique. Quand l'embauchage est mené par la politique, donc c'est "le moun pa" (le parrainage) qui gagne toujours au détriment de la compétence. Cette pratique est rejetée par toutes les administrations modernes et réformées. L'administration publique au niveau mondial a privilégié une fonction publique professionnelle où des agents publics font une carrière. Aujourd'hui, un fonctionnaire public dans les pays dotés d'une administration publique moderne et soucieuse est un universitaire préparé pour la gestion publique, un agent recyclé et prouvé.

Le Décret du 17 mai 2005 voulait se démarquer de ce cercle vicieux. Le gouvernement dirigé par Michèle Duvivier Pierre-Louis, selon une circulaire émanée de son bureau le 15 octobre 2009, accordait son support au principe du mérite et de la voie de concours comme moyens d'accéder à l'administration publique haïtienne. (Http://www.omrh.gouv.ht/loisEtdecrets). Son gouvernement n'a duré que l'espace du matin au pouvoir. Aujourd'hui, la situation va de mal en pire. Les diplômés haïtiens préfèrent se rendre au Canada, en Europe, aux Etats-Unis, à la République Dominicaine ou vers d'autres terres où l'accès à l'emploi public est lié à la compétence.

Un article publié par Le Nouvelliste le 9 mai 2014 décrit sans équivoque l'état lamentable de la pratique « à la mode » dans l'administration publique haïtienne. Selon l'article rédigé par Louis-Joseph Olivier, le Ministère de l'Economie et des Finances a demandé à la Cour Supérieur des Comptes et du Contentieux Administratif de licencier 463 employés intégrés dans l'administration publique en dépit du fait que la Cour n'avait pas disposé des fonds nécessaires dans son budget pour leur rémunérer. Le nouveau président de la Cour, qui n'a pas été l'auteur des actes des embauchages illégaux, s'est dit consterné par la demande du Ministère des Finances qui a rappelé la Cour à l'ordre et à respecter ses obligations. Tout compte fait, la Cour dont le rôle consiste à « juger les actes de l'administration » (Olivier, 2014) a embauché des gens que son budget ne pouvait pas supporter. Bienvenue à l'administration publique haïtienne où les choses se font nettement à l'envers.

Selon le même article, beaucoup de personnes nommées illégalement à certaines fonctions publiques vivent à l'étranger ; d'autres n'ont visité leur lieu de travail qu'une seule fois. Une autre catégorie d'employés publics se porte au travail à leur bon gré. Le Président de la Cour des Comptes, Fritz Robert Saint-Paul, concluait que « les nominations et ces mouvements de personnels n'ont pas été faits selon les normes et les lois en vigueur au sein de l'administration publique » (Olivier, 2014).

A l'intérieur comme à l'extérieur du pays, la décentralisation s'est identifiée comme une priorité qui devrait être insérée dans le plan de développement stratégique d'Haïti. En 2012, le Premier Ministre Laurent Salvador Lamothe voulait matérialiser les vœux de la Constitution de 1987, amendée en 2011, par le lancement du Programme-Cadre de Réforme de l'Etat 2012-2017.

L'enjeu, c'est qu'un document aussi important qui cible la modernisation de l'Etat en vue d'atteindre le développement durable du pays ne peut pas être uniquement le produit de la branche exécutive. Le document central comporte des axes primordiaux portant sur l'avenir du pays. Le résultat des recherches effectuées a démontré qu'un tel travail aurait dû être approuvé par le parlement qui l'aurait rendu légitime et tenu toutes les parties prenantes responsables de son échec ou de sa réussite. *Tout plan de développement dans lequel s'inscrit une vision de changement radical doit être ratifié par les parlementaires afin de garantir le maintien d'un portefeuille budgétaire pour sa mise en œuvre.*

Comment le gouvernement central peut-il arriver à identifier et à résoudre de façon rationnelle les problèmes des communes et des sections communales sans l'intervention des autorités locales qui y résident de manière permanente ? Il est tout simplement impossible pour l'Etat Haïtien de servir tous les citoyens du pays avec une conception et un esprit si stériles.

Pourtant, le Préambule de la Constitution-amendée favorise « une action concertée et participative de toute la population concernant les grandes décisions ayant une portée nationale, à travers une décentralisation effective ». La Charte fondamentale prévoit aussi la décentralisation des services publics, la délégation de pouvoir, le décloisonnement industriel, la décentralisation des finances publiques (l'Article 87, alinéa 4).

La Constitution haïtienne stipule dans son article 66, « La Commune à l'autonomie administrative et financière ». On n'a pas besoin d'être Sherlock Holmes[17] pour déterminer que les communes haïtiennes sont enclavées à tout point de vue par l'administration centrale. L'autonomie, bien que le terme choisi par les constitutionalistes paraisse fort et ambiguë, signifie le pouvoir de collecter des taxes et d'en disposer selon les priorités de la commune en vertu des lois établies. L'autonomie se réfère aussi à la volonté du gouvernement central de respecter les décisions des administrations locales et de les subventionner selon une formule de subventions établie par la loi.

Jusqu'à date, l'Assemblée Communale dont le rôle constitue à assister le Conseil Communal est

---

[17] **Sherlock Holmes** est un personnage de fiction créé par Arthur Conan Doyle dans le roman policier « Une Etude en Rouge » en 1887. Détective privé et consultant doté d'une mémoire remarquable pour tout ce qui peut l'aider à résoudre des crimes en général, il a très peu de savoirs dans les domaines de la connaissance qu'il estime inutiles à son travail (http://fr.wikipedia.org/wiki/Sherlock_Holmes, 30 octobre 2014.)

inexistant. De ce fait, le Conseil Communal est le seul décideur de l'avenir de la commune.

Plus de 30 ans après les prouesses de 1986, les départements sont encore dépourvus d'un système administratif et d'une institution législative. Il est évident que pour le gouvernement central, le département le plus important est l'Ouest ; les autres sont insignifiants.

En fait, la Constitution Haïtienne introduit deux entités destinées à fortifier la base opérationnelle de la décentralisation : l'Assemblée Départementale et le Conseil Interdépartemental (CID). Le CID a pour rôle de participer aux discussions et décisions portant sur les finances et les subventions allouées aux collectivités territoriales par l'Etat central. Tout compte fait, les membres du Conseil Interdépartemental se chargent de défendre les intérêts de la population locale par devant le pouvoir central.

Selon l'Article 87-1 de la Constitution Amendée, le CID est composé des membres sélectionnés par les assemblées départementales. Le CID donne ses avis sur les stratégies de développement économique, agricole, social et commercial ; 2) il participe aux séances de travail du Conseil des Ministres.

L'Histoire de la Décentralisation en Haïti

Selon Charles L. Cadet (2001), l'application du concept de décentralisation en Haïti n'a connu aucune évolution. L'État central a étranglé toute tentative visant à élargir le cadre administratif et politique du pays. La militarisation du pays après son indépendance n'a pas permis aux municipalités de gagner une certaine autonomie institutionnelle et administrative qui leur permettrait d'assumer leurs responsabilités envers les résidents des communes.

Au cours des années 1840 et 1870, poursuit Cadet, une certaine percée politique à propos de la décentralisation était observée. L'autonomie des communes déferlait les rives politiques, et les élections de leurs dirigeants s'en suivaient. Ce gain était amorcé par plusieurs prescrits légaux, à savoir, « la constitution de 1843 et l'arrêté présidentiel du 6 juillet 1844 ; la loi du 24 juin 1872 ; la loi de septembre 1876 » (Cadet, 2001, p. 7).

Ces lois conféraient aux administrations communales le pouvoir sur « les services de proximité (voirie, génie municipale, etc.) ; les services socio-culturels (écoles primaires communales gratuites, établissement des secours et de bienfaisance, etc.) et les services administratifs (Cadet, 2001, p. 7).

En outre, les lois envisageaient des moyens financiers permettant aux communes d'exécuter leurs fonctions administratives. La commune, à travers le Receveur Communal, était autorisée à prélever des taxes liées à la patente, l'impôt sur les biens mobiliers et immobiliers et certaines taxes indirectes (Cadet, 2001). Cependant, tout allait basculer, rapporte Cadet, en raison de l'outrance impertinente traditionnelle d'une administration centrale foncièrement avide de leadership éclairé et de pensées modernes.

Le 1ᵉʳ février 2006, un Décret paraphé par le gouvernement de Boniface Alexandre dont le Première Ministre était Gerard Latortue émergeait. Ambitieux, il établissait le cadre de la décentralisation et le mécanisme nécessaire pour la consolider. Dans son Article 2, le Décret stipule:

La décentralisation consacre le droit des Collectivités territoriales à s'administrer de manière autonome et à gérer leurs affaires propres afin de promouvoir le développement à la base, de favoriser la participation à travers la gouvernance locale. Elle implique soit le transfert vers les Collectivités territoriales de compétences antérieurement exercées par aucune autre entité publique. **(Décret du 1ᵉʳ février, 2006).**

Le point central du texte est la légalisation de l'autonomie des CT à prendre en charge la gestion de leur espace géographique sans la dictée des hommes de Port-au-Prince. L'Article 20 dudit Décret fournit plus de détails sur la notion d'autonomie reconnue aux CT:

> *L'autonomie des Collectivités territoriales s'entend du droit et de la capacité effective de ces dernières à régler des affaires publiques de leur compétence, sous réserve des compétences exclusives de l'Etat, et à gérer selon la loi et au profit de leurs populations, les ressources dont elles disposent.*

Le Décret s'est proposé de définir les différentes entités l'organisation des CT et de fixer leurs attributions. Selon l'Article 27 du Décret, la gestion de toute CT haïtienne repose sur l'Assemblée, le Conseil, les bureaux techniques et les Conseils d'assistance en matière de développement. Tout compte fait, chaque CT comprend un organe délibératif ayant le pouvoir d'adopter des ordonnances, et un organe exécutif chargé de mettre en œuvre les politiques publiques et les autres lois découlant du gouvernement central.

Quand la machine de la *centralisation* démarrait dans les années 70, d'aucuns pensaient que les conséquences auraient été si ruineuses et douloureuses. C'est le prix payé par une population innocente dirigée par des leaders rétrogrades et dépourvus d'esprit de créativité, d'innovation et de modernisation. Apres la disparition de 300.000

personnes, des milliers de blessés, et des pertes matérielles imposantes causés directement par le séisme du 12 janvier 2010, Le Nouvelliste, rapporté par le journal Courrier International, a eu la note juste : « Il faut décentraliser le pays » (16 février 2010). Seulement les bornés auraient eu du mal à concéder à l'idée que le moindre désastre naturel aurait laissé la capitale Port-au-Prince, reconnue pour sa densité folle, inviolable.

Des Conséquences de La Centralisation

Selon un rapport publié par Progressio en concert avec d'autres organisations (p. 8) :

- 75% de tous les fonctionnaires et des employés du gouvernement vivent à Port-au-Prince;
- 80% de toutes les installations industrielles, commerciales et bancaires se trouvent à Port-au-Prince;
- Plus de la moitié des hôpitaux du pays sont à Port-au-Prince;
- Plus d'un quart des écoles primaires, secondaires et techniques sont localisées à Port-Au-Prince;
- Plus de trois quarts d'établissements d'éducation supérieure et universitaire sont localisés à Port-Au-Prince.
- En 2006, seulement un pour cent du budget national était affecté aux provinces.

La Constitution haïtienne amendée prescrit les modalités structurelles de la décentralisation et les relations entre les juridictions locales et le gouvernement central. Cependant, les règles et les lois de cadre expliquant les détails et le fonctionnement des entités territoriales sont confiées aux politiciens (Exécutif et le Parlement). Nous n'avons pas l'intention de concentrer entièrement notre intervention sur la structure mécanique prescrite par la constitution. Notre exposé plutôt nous amènera à considérer les différentes collectivités territoriales légalement en vigueur. Ensuite, Nous tiendrons à émettre notre opinion sur les progrès et faiblesses identifiés dans le processus et les étapes à considérer pour consolider les acquis, corriger les erreurs et entamer d'emblée la vraie décentralisation en Haïti.

Les Collectivités Territoriales au Regard de la Constitution

Tout d'abord la Constitution haïtienne de 1987, en son article 61, reconnait trois types de collectivités territoriales : 1) *la section communale (SC) ; 2) la commune ; 3) le département*. Il y a en effet deux autres termes qui nous sont familiers : le quartier et l'arrondissement. Ce dernier, selon la Constitution haïtienne, remplit un rôle administratif associé au gouvernement central. Une confusion complète incarnée dans la loi mère que nous entendons éclaircir.

Etant la plus petite entité territoriale du pays, la Section Communale est administrée par un conseil de trois membres choisis pour une durée de 4 ans par les citoyens au cours des élections[18]. Le conseil administratif de la section communale remplit ses fonctions en accord avec l'assemblée de la section communale[19].

Dans le cadre de la réinvention de l'Etat haïtien proposée par la charte fondamentale du pays, des obligations de participation sont attribuées aux collectivités territoriales. Ces obligations constitutionnelles les accordent le droit de contribuer « à l'amélioration du cadre et des conditions de vie des milieux locaux aussi qu'à la définition des politiques publiques avec l'Exécutif via le Conseil Interdépartemental, en matière de développement du pays au point de vue économique, social, culturel, agricole, commercial et industriel » (Commission Nationale à la Réforme Administrative, 2002). De plus, selon la Constitution, la Collectivité Territoriale Départementale doit être impliquée dans le choix des autorités judiciaires et des membres du Conseil Electoral Permanent (CEP). La Commune, quant à

---

[18] Constitution haïtienne de 1987, Articles 62 et 63. Selon la Constitution, l'Etat doit adopter une loi visant l'organisation et le fonctionnement du Conseil de la Section Communale.

[19] Constitution haïtienne de 1987, Article 63.1.

elle, participe à la nomination des Juges des tribunaux de Paix.

En se basant sur les prescrits constitutionnels, l'Etat est en violation flagrante de la loi qui conditionne son existence. On a noté, depuis 1987, la nomination des juges et d'autres autorités sans le consentement des collectivités territoriales départementales et communales. Aucune administration n'a centré sa mission sur l'application de la Constitution, le premier élan vers une société démocratique axée sur les règles de droit. Pourtant construire un Etat de droit est un terme élégamment prôné par tous les politiciens haïtiens et par la communauté internationale. Cependant, quand il s'agit de l'appliquer, les discours et les comportements changent en un clin d'œil.

Les collectivités territoriales sont, comme c'est le cas actuel, paralysées et écartées de la politique nationale. En termes de conséquences, une bonne partie de la population du pays est dépourvue de leur droit constitutionnel. Les députés et les sénateurs, selon la Constitution, ne sont pas, dans une certaine mesure, les seuls représentants de la population. Les élus locaux, dans le cadre de la démocratie participative et d'une politique de proximité, représentent mieux les intérêts des juridictions locales et, partant, peuvent mieux répondre à leurs besoins.

Ce tableau montre les différents niveaux de collectivités territoriales haïtiennes :

Les Délégués et Vice-Délégués

Dans le document de travail No. 5 émané des efforts de la Commission Nationale à la Réforme Administrative (mars 2012), nous lisons le texte suivant:

> *La Constitution exige aussi que la décentralisation soit accompagnée de la déconcentration des services publics avec délégation de pouvoir et prévoit la nomination de représentants de l'Exécutif (Délégués, et Vice-Délégués) chargés d'assurer la coordination et le contrôle des services publics*

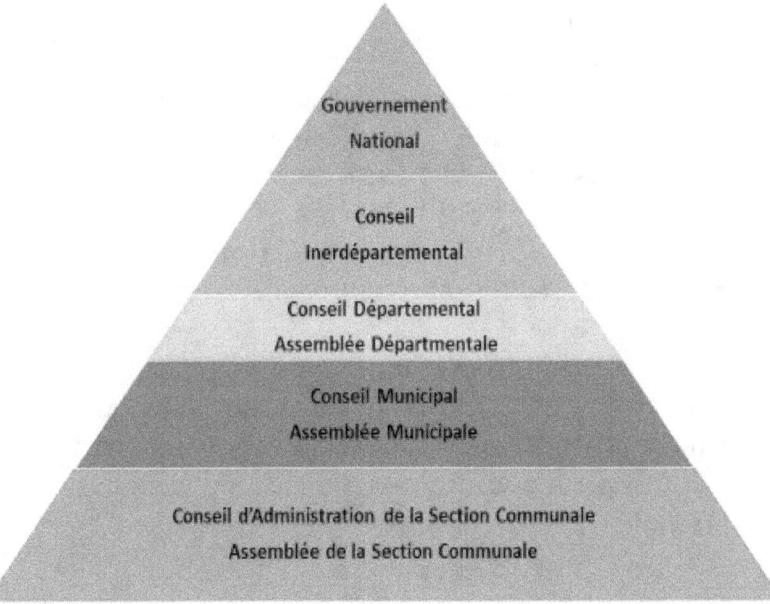

dans les Départements et Arrondissements, établissant ainsi les premières modalités d'organisations de la prise en charge par l'État de ses responsabilités fondamentales de fourniture de services à la population sur le tout le territoire national. Ces dispositions ont donc pour implication que ces deux divisions administratives de l'État (le Département et l'Arrondissement) doivent constituer l'ossature de l'organisation territoriale des services publics déconcentrés, en plus d'être le cadre territorial de base pour l'élection et la nomination de plusieurs autres membres d'institutions telles que le Sénat, le Conseil Electoral Permanent et les Tribunaux d'Appel, de première Instance.

Le rôle réel des Délégués et Vice-délégués dans le fonctionnement des juridictions locales et dans le management des institutions déconcentrées n'est pas bien élucidé. *Le modèle de décentralisation le plus efficace est celui qui affranchit les collectivités territoriales de toutes contraintes et de tout micro-contrôle imposés par le gouvernement central.*

En matière d'administration et de prise de décision, les gouvernements locaux devraient jouir d'une large autonomie sauf en ce qui concerne la responsabilisation financière, le respect des lois nationales et des ordonnances, et la gestion des institutions déconcentrées.

L'Article 63 du Décret du 1er février 2006 semble établir les délégués et vice-délégués comme le patron des officiels locaux. Voyons le prescrit de l'Article 63:

> *Les Délégués et vice-délégués, en tant que représentant de l'Etat coordonnent les initiatives prises par les autres structures gouvernementales déconcentrées, en direction des Collectivités territoriales. Ils assurent dans le cadre de leur juridiction le suivi de la politique de décentralisation, de développement local et d'aménagement du territoire du gouvernement.* (Décret du 1er février 2006)

Le système politique français sur lequel se fonde le concept de la délégation haïtienne a, depuis 1983, dépouillé les délégués français de leurs pouvoirs immenses qui leur avaient été confiés. La première vague de décentralisation menée par la France dans les années 1980 transférait aux « élus locaux les pouvoirs que détenaient les préfets, représentants de l'Etat au niveau local » (OCDE, 2007, p. 147).

Les préfets retiennent jusqu'à présent le titre de représentants de l'Etat et ont pour attribution d'exécuter la politique du gouvernement central dans les juridictions locales (OEDE, 2007, p. 148). Cependant, leurs attributions ont subi une profonde modification.

L'Article 67 du Décret de 2206 soumet les CT aux contrôles de la Cour Supérieure des Comptes et du Contentieux Administratifs, du Ministère de l'Intérieur et des Collectivités territoriales et de tout autre ministère dont les activités affectent le fonctionnement des CT.

Dans le cadre du budget des CT, le Décret déclare, « les finances de la République sont décentralisée » (Art. 118). Les CT sont autorisées à élaborer et gérer leur propre budget (Décret du 1er fév. 2006, Art. 120). Pourtant, les CT haïtiennes ne possèdent ni leurs propres institutions financières ni la liberté d'administrer les frais et les perceptions prélevés.

La Perception et l'Administration des Taxes et Frais

Le modèle de décentralisation fiscale que poursuit Haïti veut retenir une seule institution pour l'administration des taxes, qu'elles soient destinées au gouvernement central ou aux Collectivités Territoriales. Dans tout système de taxation, la loi doit établir l'échelon gouvernemental chargé de l'administration des taxes. En plus, il faut clairement déterminer la branche gouvernementale qui doit collecter les taxes. Dans le système prévu en Haïti, la Direction Générale des Impôts garde toujours sa place de tutelle en matière de taxation, ce qui affaiblit la décentralisation fiscale. Avec la corruption et la mauvaise gestion qui imprègnent le gouvernement national, ce système se révèlera encore plus problématique et plus douloureux pour les finances locales.

Le Décret du 1er février 2006 a été amandé par une proposition de loi votée par le Sénat le 11 avril 2013. Le texte n'a pas été retenu par la Chambre des Députés, donc il n'est pas une loi. Cependant, nous voulons considérer quelques points essentiels qui le caractérisent.

Cette proposition de loi comme le Décret du 1er février définissent l'organisation, les compétences et le mode de fonctionnement des CT. En ce qui a trait aux subventions, les deux textes retiennent deux types: *les transferts ordinaires et les transferts extraordinaires*. Les transferts ordinaires peuvent être administratifs, et leur utilisation répond à la discrétion des CT. Les subventions conditionnelles sont liées à certaines exigences imposées par le gouvernement central. Les fonds conditionnels alloués aux CT doivent être appliqués selon les veux stricts de l'administration centrale.

Les deux documents traitent des Fonds de Gestion et de Développement des Collectivités Territoriales (CGFCT). Les fonds sont gérés par un Conseil de 6 membres fournis par les organes et ministères suivants: Ministères de l'Intérieur,

Ministère de la Planification, Ministère des Finances et le Conseil Interdépartemental.

Les communes sont administrées par les Conseils Communaux alors que les départements sont dotés du Conseil Départemental. La fourniture des services aux citoyens fait partie des attributions des élus locaux compétents. En quoi consiste le rôle des Délégués et vice-Délégués si ce n'est que pour permettre à l'exécutif d'intimider les élus locaux ? Ci-dessous sont les articles de la Constitution de 1987 amendée touchant aux collectivités territoriales et au poste de délégué :

Article 63:
L'administration de chaque section communale est assurée par un conseil de trois (3) membres élu au suffrage universel pour une durée de quatre (4) ans. Ils sont indéfiniment rééligibles. Son mode d'organisation et de fonctionnement est réglé par la loi.

Article 63.1:
Le conseil d'administration de la section communale est assisté dans sa tâche par une assemblée de la section communale.

Article 66:
La Commune a l'autonomie administrative et financière. Chaque Commune de la République est administrée par un Conseil de trois (3) membres élus au suffrage universel dénommé Conseil Municipal.

Article 75:
L'arrondissement est une division administrative pouvant regrouper plusieurs communes. Son organisation et son fonctionnement sont réglés par la loi.

Article 76:
Le département est la plus grande division territoriale. Il regroupe les arrondissements.

Article 77:
Le département est une personne morale. Il est autonome.

Article 78:
Chaque département est administré par un Conseil de trois (3) membres élus pour quatre (4) ans par l'Assemblée départementale.

Article 83:
Le conseil départemental administre ses ressources financières au profit exclusif du département et rend compte à l'Assemblée départementale qui elle-même en fait rapport à l'administration centrale.

SECTION E:
DES DÉLÉGUÉS ET VICE-DÉLÉGUÉS

Article 85:
Dans chaque chef-lieu de département, le pouvoir exécutif nomme un représentant qui porte le titre de délégué. Un vice-délégué placé sous l'autorité du délégué est également nommé dans chaque chef-lieu d'arrondissement.

Article 86:
Les délégués et vice-délégués assurent la coordination et le contrôle des services publics et n'exercent aucune fonction de police répressive. Les autres attributions des délégués et vice-délégués sont déterminées par la loi.

SECTION F:
DU CONSEIL INTERDEPARTEMENTAL

Article 87
L'Exécutif est assisté d'un (1) Conseil interdépartemental dont les membres sont désignés par les assemblées départementales à raison d'un (1) par département.

Article 87.1:
Ce représentant, choisi parmi les membres des assemblées départementales sert de liaison entre le département et le pouvoir exécutif.

Article 87.2:
Le conseil interdépartemental, de concert avec l'Exécutif, étudie et planifie les projets de décentralisation et de développement du pays, au point de vue social, économique, commercial, agricole et industriel.

Article87.3:
Il assiste aux séances de travail du Conseil des ministres lorsqu'elles traitent des objets mentionnés au précédent paragraphe avec voix délibérative.

Article 87.4:
La décentralisation doit être accompagnée de la

déconcentration des services publics avec délégation de pouvoir et du décloisonnement industriel au profit des départements.

Article 87.5:
La loi détermine l'organisation et le fonctionnement du conseil interdépartemental ainsi que la fréquence des séances du Conseil des ministres auxquelles il participe.

VIII
Les Gouvernements Locaux et le Développement Economique

Les chercheurs ont récemment cherché à déterminer le lien qui existe entre la décentralisation et la pauvreté ou le développement économique. Dans un document de travail publié en 2004, des experts de l'OCDE (Organisation pour la Coopération et le Développement Economique) ont bien démontré qu'il y a une forte corrélation entre la décentralisation et la réduction de la pauvreté. La décentralisation s'affiche à travers deux grands axes dans le contexte de la lutte contre la pauvreté: *l'axe politique et l'axe économiqu*e (Jütting et alliés, 2004, p. 10).

L'Axe Politique suit une trajectoire distincte qu'il convient de découvrir. Les collectivités territoriales supportent la participation et la stabilité et représentent les sans-voix et les citoyens vulnérables. Donc, les œuvres des autorités locales sont entamées dans l'objectif d'améliorer les conditions de vie de ces deux catégories de personnes. La loi de la proximité des services publics leur bénéficie directement. En plus, les élus locaux connaissent leurs milieux et sont plus près des contribuables. Une approche politique bien organisée s'articule autour des paramètres tels que la participation au choix et à la conceptualisation des politiques publique et la stabilité, ce qui peut contribuer à réduire la pauvreté (Jütting et collègues, 2004).

La décentralisation est considérée comme un instrument de réduction de la pauvreté en ce sens qu'elle permet aux citoyens d'émettre leurs opinions sur les décisions impactant leur vie et leur environnement (Bossuyt et Gould, 2000). De plus, des institutions locales bien gérées peuvent inciter les institutions nationales à être plus responsables et soucieuses à l'égard des besoins des citoyens des collectivités territoriales (Bossuyt et Gould, 2000).

La décentralisation peut influencer la mobilisation des ressources en termes de contrôle relayé aux populations locales dans la façon d'utiliser ces ressources-là. Selon Bossuyt et Gould (2000), les autorités locales peuvent engager les ressources à promouvoir les biens communs s'ils sont permis d'exercer plus de contrôle sur leur déploiement. Enfin, en ce qui concerne les services sociaux, les institutions locales sont mieux placées pour atteindre, servir, et satisfaire les désirs des populations.

Axe Economique: Les mesures économiques adoptées au niveau des juridictions locales peuvent accomplir l'efficience, des prestations publiques mieux adaptées aux besoins des usagers et l'accès facile aux services publics. Cela, dans une large mesure, peut conduire à la réduction de la pauvreté (Jütting et collègues, 2004).

Des recherches scientifiques menées dans certains pays ont montré que les services publics offerts au niveau local sont moins coûteux que ceux fournis par le gouvernement central (Bird et Rodriguez, 1999).

L'Evolution du Gouvernement Local

Il est rapporté que le terme « gouvernement » remonte de longue date. Certaines connotations utilisées pour identifier les autorités locales dérivent du Grec et du latin (Norton, 1994). Le terme « autorité locale » se compose de deux mots grecs : koinotes (communauté) et démos (peuple ou district) (Norton, 1994). Municipalité dérive du droit administratif romain – municipaux (Norton, 1994). City (ville) est un produit du terme romain : civitas, lequel descend du civis (citoyen). Enfin, le comté découle du mot latin comitates (Norton, 1994, p. 3).

Les gouvernements locaux ont obtenu le droit de se gouverner constitutionnellement dans les pays suivants : Luxembourg (1789), Switzerland (1803,

1848 et 1874), Prussia (1808), France (1831), Denmark and Norway (1837), the Netherlands (1848), Sweden (1862), Findland (1865 and 1871), Japon (1947), Italie (1948), République Fédérale de l'Allemagne (1949), Portugal (1976) et Espagne (1978) (Norton, 1994).

Les autorités locales étaient devenues des éléments dans les systèmes nationaux et pouvaient saisir les tribunaux pour les défendre leurs droits constitutionnels en cas d'agression par les Etats (Norton, 1994). Aux Etats-Unis, le gouvernement local a existé depuis le règne britannique. Alexis de Tocqueville a remarqué que le village était une « association naturelle » (Norton, 1994, p. 10).

Le gouvernement local, selon Humes et Martin (1969), est un instrument essentiel du gouvernement national qui unit les citoyens d'une même zone autour d'une organisation commune et qui remplit des fonctions complémentaires à celles du gouvernement central dans l'intérêt des citoyens et pour l'évolution de la communauté (p. 33). Pour Humes et Martin, les institutions locales se justifient par la nécessité de résoudre des problèmes liés aux routes, à la santé, à l'éducation, au bienêtre et au développement général (1969, p. 33). Elles sont vues comme un atout sûr au développement et à l'exécution des grandes politiques nationales.

Les Villes Comme Entités Politiques et Economiques

Les mutations qui caractérisent le monde depuis la moitié du XXe siècle exigent l'innovation et l'adaptation dans le secteur public. Ces transformations affectent non seulement les gouvernements centraux mais aussi, dans une certaine mesure, les administrations locales. Il y a, depuis quelques années, des pressions qui s'abattent, dans plusieurs contextes, sur les administrations locales à se préparer pour embrasser une nouvelle forme de relations non seulement sur le plan interne mais aussi d'une manière globale. Les gouvernements locaux, tout compte fait, doivent se conformer aux réalités et complexités qui, remarquablement, découlent de la mondialisation, un phénomène, au dire de Philippe Gervais-Lambony, qui est la force catalytique et transformatrice des villes (2004, p. 58).

Le gouvernement local porte le sceau du « gouvernement de la communauté » malgré les profonds changements qui l'ont caractérisé durant le siècle écoulé (Banovetz, 1998, p. 3). Le gouvernement local n'est autre que « l'ordre social, économique et politique des activités de la population » (Banavetz, 1998, p. 3). Banavetz décrit le gouvernement local comme les relations (interactions) existant entre les gens d'une même localité pour réaliser le « bien commun » (p. 3).

L'extension de la communauté exige une structure organisationnelle plus rationnelle qui fait appel au choix des leaders pour représenter les intérêts des habitants à travers la gouvernance des choses publiques.

Le gouvernement local est le canal par lequel les résidents d'une communauté peuvent ensemble réaliser ce que le gouvernement national ou des individus ne peuvent accomplir (Humes et Martin, 1969, p. 33). Pour Humes et Matin, les citoyens locaux participent à l'élection des élus locaux et, de ce fait, peuvent mieux influencer leurs représentants que la bureaucratie établie dans la capitale.

Depuis des décennies, les gouvernements locaux cherchent à se définir dans l'arène des débats nationaux et, dans un contexte général, dans la mondialisation et dans les nouvelles formes qu'épouse l'économie globale. Premièrement, il convient d'élaborer le rôle du gouvernement local vis-à-vis de ses constituants. Il est nécessaire d'appuyer sur John Stuart Mill pour aligner les institutions locales au rôle logique qui leur est attribué. Cité par Caroline Andrew et Michael Goldsmith, Mill fonde son débat sur le rôle essentiel des élus des institutions locales dans un système démocratique parce qu'ils élargissent les opportunités relatives à la participation des citoyens dans la politique. Là, les auteurs veulent montrer l'expérience en matière politique et au niveau de la gouvernance que des citoyens actifs peuvent gagner à partir des attitudes et des réalisations des élus locaux.

Dans un deuxième temps, Mills a souligné qu'un gouvernement local dûment élu était nécessaire en raison de son habilité à administrer les affaires des localités en se référant à leur connaissance du milieu, leur intérêt et expertise, et du fait qu'il pouvait s'incliner beaucoup plus vers l'efficience des services locaux que le gouvernement central situé à distance (Andrew, Michael, 1998, p. 107,102).

D'un côté, les actions des élus locaux doivent s'harmoniser avec les valeurs démocratiques, ce qui incite les citoyens à s'intéresser aux débats politiques de leur pays et à choisir les représentants qu'ils trouvent capables de satisfaire leurs désirs/aspirations. De l'autre côté, ils doivent appliquer les notions démocratiques, morales et éthiques et servir de source d'inspiration aux jeunes. Ensuite, les services publics offerts dans les villes se relèvent des responsabilités des gouvernements locaux. De ce fait, les citoyens peuvent s'attendre à la créativité, à la vision et à une utilisation efficiente et effective des ressources locales. L'administration locale s'efforcera de projeter une conduite qui invite les résidents non seulement à adhérer aux efforts visant à développer la ville mais aussi à découvrir le professionnalisme, la conscience, le souci des élus locaux dans leurs efforts à appliquer les principes modernes de l'administration publique et de la démocratie.

Tout compte fait, les gouvernements locaux n'ont qu'un objectif fondamental, celui de fournir des services (Brown, 1974). Cependant, les constituants jouent toujours un rôle essentiel dans la direction et la nature des services offerts, car dans un pays démocratique les citoyens retiennent le mot final à travers les urnes (Brown, 1974). « Les villes sont des unités de gouvernement qui possèdent des limites, des officiels élus dotés des autorités limitées et définies, et du pouvoir de taxation et de régulation » (Brown, 1971, p. 3). « Les villes sont aussi des unités économiques de production, qui fournissent certains biens de consommation publics » (Brown, 1971, p. 4).

L'Image d'une Ville Moderne

« Une ville est un endroit où réside une population dense caractérisée par des interactions humaines fréquentes et significatives » (Banovetz, 1971, p. 3). Les villes représentent le centre des économies mondiales. Selon Bruce Katz et Alan Berube, deux experts en politique urbaine, 75% du GDP des Etats Unis sont fournis par les cents plus grandes villes du pays. La ville de Cleveland, à elle seule, produit 23% de l'économie de l'Etat d'Ohio. Tout compte fait, dans tous les pays du monde, les villes, évidemment, sont aujourd'hui classées comme des éléments oscillants en matière d'activités économiques à tel point qu'elles dominent les discussions portant sur la mondialisation.

Philippe Gervais-Lambony observe que le 20e siècle, à compter des années 1970, était marqué par des changements enregistrés dans « le domaine urbain, notamment de nature économique » (2004, p. 57). La force déterminante de ces transformations découle des « effets de la mondialisation » (Gervais-Lambony, 2004, p. 58). Gervais-Lambony admet que le phénomène de la mondialisation en soi ne pose aucun problème, mais ce sont son intensité, son universalité et sa nouveauté qui préoccupent les esprits. La mondialisation requiert de nouvelles exigences dont le leadership et les compétences en matière de management public.

Il faut noter que certains experts ont identifié un aspect négatif résultant des changements urbains. Ils soulignent, notamment, « le fractionnement spatial de la ville, la disparition du lien social entre les citoyens des villes, la division économique de la ville, la séparation politique des territoires, les replis communautaires, le renfermement des riches dans des cités fermées, et l'isolement des plus pauvres » (Gervais-Lambony, 2004, p. 59). Ce phénomène est aussi renforcé par la construction des grandes infrastructures telles que les autoroutes.

Pour répondre aux critères de la mondialisation, certaines conditions doivent être réunies. Il est à rappeler que l'intensité, l'universalité et la nouveauté entrainent le développement du secteur touristique qui, lui-même, conduit vers des activités économiques importantes. Les experts décrivent, notamment, l'image d'une ville moderne comme un centre attractif où se déroulent les activités économiques. Ainsi faut-il souligner que les grandes villes du monde sont caractérisées par une augmentation de population durant les dernières décennies. En Haïti, on parle du départ massif des paysans vers les villes, surtout vers Port-au-Prince, avec pour conséquences néfastes l'émergence de la bidonvilisation qui donne naissance à d'autres problèmes sociaux et économiques.

Les sites attractifs des villes sont surtout l'œuvre des investisseurs privés de concert avec les investissements du secteur public.

Les nouveaux espaces urbains sont soumis à certaines exigences qui leur imposent une certaine attitude liée à la mondialisation, la métropolisation, l'évolution de la société, le développement économique et les changements apportés par la technologie. Philippe Gervais-Lambony parle « d'une révolution urbaine » (2004, p. 57) compte tenu de l'ampleur des modifications qui ont marqué la fin du 20e siècle et le début du 21e siècle.

Considérant le déferlement de ce vent de changements affectant les grandes villes du monde sur les plans social, culturel, environnemental, politique et économique, Gervais-Lambony se cède à l'idée que l'on entre dans l'époque de « postmoderne... voir post-ville » même si les changements n'ont pas eu les mêmes effets partout (pp. 57-58).

En effet, depuis la création des villes, il y a huit mil ans, les hommes ont toujours voulu marcher à des distances raisonnables avant d'utiliser une forme de transportation quelconque : cheval, bicyclette, ou bien une voiture (Leinberger, 2005, p. 1). Leinberger soutient que créer une zone urbaine qui incite les habitants à faire des courses à pied est la clé pour revitaliser un centre-ville décalé et déserté.

En Allemagne, par exemple, la notion adoptée en ce sens est *neighborhood management,* qui englobe les efforts « de reconstruire les endroits dilapidés et de renforcer la capacité organisationnelle et administrative du gouvernement local et des organisations communautaires de travailler ensemble quant à l'exécution des programmes » (Bockmeyer, 2007, p. 177).

Accomplir cette tâche complexe posera un défi majeur pour les politiciens qui poursuivent peut-être d'autres priorités. Selon, Leinberger, un centre-ville ranimé est *un mélange de boutiques, d'hôtels, de magasins, d'épiceries, de maisons, de bureaux, de studios d'artistes, de restaurants et des endroits d'amusement.* C'est un endroit où tous les besoins des résidents sont complètement adressés (ibid., p. 2).

Une telle réalisation nécessite d'abord d'importants investissements, du leadership, d'une vision cohérente et de l'ingénuité des acteurs nationaux, des leaders et des visionnaires infranationaux. Au niveau national, un plan ciblant la reconstruction et la transformation des villes doit être minutieusement élaboré. Pour le mener à bien, il doit inclure l'opinion des experts, des maires, du secteur privé et de la société civile. Dans un contexte économique, il sera axé, en majeur partie, sur un partenariat entre le secteur public et le secteur privé.

Selon Leinberger, la revitalisation d'un centre-ville se réalisera grâce à l'enthousiasme des développeurs et investisseurs, à leur collaboration et à leur coopération (2005, p. 4). Tout cela réclame des autorités locales compétentes qui puissent remplir la fonction de rallier les supports nécessaires tout en essayant de sécuriser la confiance des citoyens.

Le Rôle d'une Ville Moderne dans un Etat Décentralisé

La décentralisation dynamise le développement, permet la fourniture des prestations publiques efficaces et facilite les relations harmonisées entre les gouvernés, l'Etat central et les municipalités dans un environnement systématique supportant le partage et la responsabilité. Chaque entité juridictionnelle se charge de mener à bout ses fonctions constitutionnelles et administratives pour le bienêtre collectif. Grindle (2007, p. 57) a mené une recherche sur les villes mexicaines à propos du rôle des municipalités dans le Mexique décentralisé. Il a conclu que:

> *Les gouvernements locaux étaient responsables des services municipaux de base, y compris l'eau, des eaux usées, ramassage des ordures, transports urbains, marchés publics, éclairage public, routes et autoroutes, sécurité publique et abattoirs. Ils ont maintenu des infrastructures comme les bâtiments scolaires, les terrains de jeux, les cliniques de santé et les hôpitaux. Ils règlent les questions de zonages et de l'environnement. Ils avaient le contrôle de l'impôt foncier et pourraient imposer d'autres frais et taxes locales. Chaque année, ils doivent préparer les budgets pour approbation par les assemblées législatives.*

Le gouvernement local mexicain est contrôlé par un Maire principal et des conseillers élus pour un seul terme de trois ans (Gringle, 2007). Selon Gringle, les Maires recrutent tous les directeurs des différents départements. Ils ont une vaste discrétion sur les nominations des responsables administrateurs locaux. Les plus importants sont les chefs des divers ministères, du Conseil du Trésor, des travaux publics, de la sécurité publique, de la culture et la jeunesse, de la santé publique, du développement urbain, du développement rural, etc.

Gringle (2007) informe que les Maires nomment également un directeur général et le Secrétaire du gouvernement. Ce dernier fait généralement partie du chef de cabinet du Maire. Au-delà de ces postes de haut niveau, le maire habituellement peut nommer les sous-directeurs des départements, les secrétaires, les employés de bureau, les ouvriers et autres.

Haïti peut modeler sur le type de décentralisation mexicaine pour développer son système. Le Mexique et Haïti sont différents sur le plan culturel, économique, et en termes de population, de langues et de superficie. Cependant, sa méthode de décentralisation peut servir de guide à Haïti pour mettre en œuvre les axes de décentralisation. Sur le plan politique et administratif, les deux pays étaient assujettis à la vision d'une seule ligne de pensées. De 1929 à 2000, le Mexique était gouverné par un seul parti politique – Partido Revolucionario Institucional – qui gagnait toujours avec une marge supérieure toutes les élections législatives, locales, et régionales (Grindle, 2007). Parallèlement, l'influence de la dictature a imprégné Haïti pendant toute son existence.

La Ville et la Mondialisation

Construire des villes résilientes ayant la capacité de s'adapter à toutes les conditions a préoccupé les experts dévoués au domaine du développement urbain. D'abord, une ville résiliente est fondée sur un plan stratégique d'investissement soutenable qui est le produit du public, du secteur privé et des organisations civiles.

Les maires Richard M Daley (Chicago), Antonio Villaraigosa (Los Angeles) et Michael Coleman (Columbus) ont expliqué, durant l'Initiative des Villes Globales tenue au Brésil en novembre 2012, que leur ville devait intervenir pour confronter les problèmes relatifs à l'éducation, à la création d'emploi et à l'environnement (Berube, 2012).

Développement Economique

Les villes occupent une place prééminente dans le système économique d'un pays. Aujourd'hui, observent Gross et Hambleton (2007), le monde est majoritairement urbanisé. En vertu des changements économiques vertigineux et l'augmentation des populations urbaines, les villes sont le théâtre de nombreuses compétitions et modifications. Gross et Hamilton notent que la réponse donnée à ce mouvement lié aux villes dépendra de « l'histoire locale, de la culture, de la politique, de l'économie, de la géographie et de la planification » (2007, p. 9).

Le développement économique peut être envisagé à partir des efforts déployés pour « *placer une région sur le sentier de la croissance économique grâce à l'amélioration de la productivité des entreprises et des employés, ce qui conduit à l'augmentation des salaires et des standards de vie* » (Liu, 2016, p. 2)

Pour Beauregard (2003), la ville peut aider à lever les grands défis économiques auxquels le monde fait face. Pour lui, une ville résiliente peut inciter l'émergence des conditions favorables à la croissance économique.

Considérons, par exemple, une ville comme le Cap Haïtien en Haïti. A quelques kilomètres de la ville se trouvent deux des destinations touristiques du monde – Labadie et la Citadelle Laferrière. Ces endroits sont fréquentés par des milliers d'étrangers en voyage touristique. Ce sont là d'importantes activités économiques qui peuvent sérieusement influencer de manière positive la croissance économique en Haïti. Ce développement économique dans la grande région du Nord peut non seulement provoquer des investissements internes, mais aussi des investissements étrangers. Cependant, pour atteindre cet objectif, il faut adresser les problèmes associés à la bonne la gouvernance et à l'urbanisme.

Il est important d'apprécier et d'encourager l'élaboration de plans stratégiques régionaux et communaux pouvant engager les acteurs locaux. Il faut stimuler le développement des talents locaux à s'épanouir et à participer dans les solutions des problèmes du pays à partir des interventions locales jugées positives et fructueuses.

Une décision locale qui engendre un climat favorable au progrès et qui contribue à l'épanouissement d'une ère positive dans une ville peut être servie de modèle au gouvernement national, c'est le triomphe du concept de Coaching[20]. Donc, les initiatives régionales et communales doivent être explorées à travers le pays. Ceci mettra en évidence non seule les esprits créatifs des gens mais aussi leur sentiment de responsabilité et de civisme dans la nouvelle Haïti.

---

[20] Coaching est défini comme une situation dans laquelle une partie apprend de l'expérience d'une autre dans un esprit d'apprentissage et de collaboration.

Revitalisation d'un Centre-Ville

Revitaliser le centre-ville est axé sur des critères élaborés par The Brookings Institution dans deux recherches conduites par Jennifer Moulton (Ten Steps to a Living Downtown, 1999) ; Christopher B. Leinberger (Turning Around Downtown : Twelve Steps to Revitalization, 2005) :

Une vision : c'est la force motrice derrière tous les efforts visant à obtenir les résultats voulus. La vision inclut la motivation des acteurs à aller au bout de leur intention. A la vision s'ajoutent les efforts à générer les supports des politiciens, du gouvernement et de la population aux projets de développement. Puisque la rénovation concerne, dans une large mesure, le développement économique, sa réussite dépendra de la participation du secteur privé (les chambres de commerce, par exemple).

Un plan stratégique : ce plan constituera un guide contenant les étapes et les stratégies à déployer pour atteindre le résultat escompté. Le plan prévoit le management du développement. Il permet d'évaluer les terres et maisons vacantes de l'Etat afin de les appliquer aux démarches visant à transformer la ville.

Selon Rémy Prud'Homme, « la ville est aussi et d'abord une réalité économique.

Les villes sont des lieux d'échange et de production » (1972, p. 1047). Cité par Prud'Homme, Max Weber, dans son ouvrage titré « The City », décrit la ville comme « un phénomène économique ». Tout compte fait, la ville doit se révéler un endroit dynamique où se déroulent d'importantes activités économiques. Ce standard doit être implanté en Haïti afin d'inciter les activités économiques, élément conditionnel à la création du travail, à l'amélioration des conditions de vie, à l'estime personnelle et à la création d'une nouvelle classe moyenne dans le pays.

Le rôle de tout gouvernement local quant à la renaissance d'une ville est symbolisé dans la réponse de deux questions posées par James Bryce en 1888, à savoir : 1) qu'est-ce que la ville fournit aux citoyens ? 2) quel en est le coût ? (Bryce, 1888, p. 2). Les débats concernant la décentralisation et le rôle des municipalités sont pratiquement liés en ce sens qu'ils cherchent à explorer les responsabilités des gouvernements locaux à l'égard des citoyens.

Comprendre le rôle des villes, c'est aussi saisir leur double aspect : la ville est une « unité sociale » et un « organe gouvernemental » (Goodnow, 1910, p. 11). Goodnow souligne que la ville est « un agent ou une création » de l'Etat central et obtient son pouvoir de ce dernier. En tant que création de l'Etat, elle est subordonnée aux régulations de l'administration mère (Goodnow, 1910). Entant qu'unité sociale ou organisation, la ville consiste à satisfaire « les besoins locaux » (Goodnow, 1910, p. 17).

En matière d'autorité, Goodnow (1910) indique qu'il y a deux courants d'idée adoptés dans le monde. La première est un produit du Royaume Uni et des Etats-Unis et soutient que l'Etat central énumère d'une façon générale les actions que les villes ne peuvent pas entreprendre. En appliquant la deuxième méthode, l'Etat adopte l'attitude que la ville peut faire tout ce qui n'est pas prohibé par la loi (Goodnow, 1910).

L'Administration Publique dans les Juridictions Locales

Plusieurs auteurs ont essayé de définir le terme «administration publique». L'administration publique est relativement un nouveau concept qui réconcilie la politique et la bureaucratie. Quand on invoque le terme bureaucratie, la première idée qui émerge est la démocratie. Les deux fonctionnent dans une même sphère d'action.

Les causes du sous-développement haïtien sont multiples. Cependant, la défaillance de l'administration publique et la centralisation en jouent un rôle prépondérant. Dans un contexte administratif, les communes sont toujours dépourvues de toute structure organisationnelle et des ressources nécessaires pour poser les jalons du développement, de la gouvernance moderne et de l'innovation.

Dépendantes, évidemment, de l'Etat central pour se nourrir, les communes haïtiennes sont témoins de leur destruction. Le gouvernement central qui devrait les secourir fait face lui-même à un manque de professionnels, de moyens modernes et adéquats pour s'orienter et adopter des politiques visant à favoriser et à promouvoir la prospérité et le développement. Une analyse de la situation haïtienne et de ses villes laisse l'observateur avisé à tirer la conclusion que les indicateurs de développement durable sont inexistants. Le développement durable se repose sur ces quatre catégories d'indicateurs : « l'environnement, le progrès social, l'économique et les institutions » (Brodhag, 2000, p. 314).

Notre entrevue avec certains maires haïtiens nous laisse comprendre que les municipalités font l'objet d'une administration inadéquate qui contribue à leur aspect abîmé. Du point de vue de recettes fiscales, d'activités économiques et de projets à long-terme, on enregistre un faible enthousiasme du côté des maires. Cette nonchalance s'explique par leur manque de ressources pour remplir leurs fonctions effectivement et leur dépendance folle du gouvernement central.

Les derniers efforts du gouvernement de Garcia Préval tendent à octroyer aux maires une soi-disant liberté d'agir et de prendre des initiatives de développement. Cependant, le résultat est plutôt superflu et pénible puisque les maires ne disposent pas d'accès aux capitaux, aux revenus et à l'expertise pour exercer ce pouvoir. De plus, le doute pesait sur le motif du gouvernement et sur la légitimité de cette liberté. Est-ce que le pouvoir de Port-au-Prince s'intéressait vraiment à la préparation des leaders locaux ou s'agissait-il d'une manœuvre politique pour jeter les bases de son organisation politique?

Une démarche qui tend à adresser la pauvreté haïtienne doit aussi considérer l'amélioration des conditions de vie des citoyens vivant dans les villes. Pour y aboutir, les mairies doivent être structurées et administrées selon les normes modernes. De plus, le leadership local doit être développé et nourri.

D'autre part, il faut souligner l'absence d'une politique de décentralisation qui puisse libérer les communes du joug de Port-au-Prince. Comprenant l'enjeu politique en vigueur en Haïti, la Banque Mondiale a institué un programme appelé « Community Driven Development » axé sur le renforcement des initiatives locales. A travers ce programme, la Banque Mondiale a mis l'accent sur l'exécution des projets identifiés par les résidents qui en déterminent la nécessité. De plus, elle encourage et supporte les efforts facilitant la décentralisation. Aussi, la Banque promeut la responsabilité des autorités locales et la bonne gouvernabilité. Les mairies peuvent soumettre à la Banque des projets (logement, eau potable, sante, etc.) portant sur l'amélioration de leur endroit et les conditions de vie des citoyens moyennant qu'elles embrassent les principes modernes d'administration.

Préparer des cadres professionnels pour administrer les villes est un important investissement dans le futur du pays en général et une avance positive dans la lutte contre le sous-développement haïtien et l'incompétence. Les municipalités entretiennent des rapports directs avec les citoyens des villes. Leurs actions ou inactions exercent des impacts directs sur la vie des gens et sur l'environnement. Il est impossible pour l'Etat central de déterminer les besoins de toutes les communes et les sections communales et adopter des mesures politiques appropriées pour les résoudre. Cette tâche appartient aux leaders locaux qui connaissent bien les besoins de leurs milieux.

Tout compte fait, le développement intégré et durable du pays doit être lié à celui des communes et des villes. Notre proposition n'est pas nouvelle. Les pays de l'ouest et les nouveaux géants économiques de l'Asie et des Amériques Latine et

Centrale intensifient les investissements dans les milieux urbains en vue d'augmenter les échanges économiques et maximiser les profits, partant réduire le chômage et la pauvreté.

Les raisons expliquant le développement des espaces urbains (BMZ Information Brochure 3/2014):

Urbanisation: le monde est devenu une grande agglomération. Plus de 50 % de la population mondiale vit actuellement dans les villes, et ce chiffre devrait passer à 75 % d'ici 2050.

Prospérité: Environ 80% du produit intérieur brut est généré dans les villes. Étant donné que les villes fournissent l'accès aux informations, aux initiatives privées, aux infrastructures, à la mobilité, à l'emploi et aux institutions, elles créent un environnement macroéconomique favorable à une croissance économique durable. Dans une économie mondialisée, les villes représentent l'endroit où les produits, les services et renseignements peuvent être transférés d'un bout à l'autre. Parce que les villes sont les moteurs de la croissance économique, elles fournissent un élan clé pour l'économie nationale et mondiale.

Réduction de la pauvreté: Les engagements internationaux sont mis en œuvre dans les villes. Ces dernières recèlent un grand potentiel pour contribuer de façons clés à la mise en œuvre des accords internationaux. Les villes sont le centre théâtral d'importantes stratégies et de recherches.

Les villes sont des acteurs internationaux solides. Les réformes telles que la modernisation de l'État et la décentralisation renforcent l'autonomie et la performance des administrations urbaines. Parce que les marges d'action des villes et leurs pouvoirs élargissent au niveau municipal, les villes sont de plus en plus considérées par les agences internationales de développement telles que les banques et les entreprises privées, comme des acteurs autonomes.

Les villes saisissent ces occasions de s'engager dans des partenariats directs pour faire avancer leur agenda. Par conséquent, ils gagnent plus de poids dans le cadre de la politique internationale.

Changement climatique et la biodiversité: les villes participent aux décisions associées aux changements climatiques et ont un impact important sur les écosystèmes. Les villes sont actuellement responsables de la production de 70 % des gaz à effet de serre et une partie du fardeau du changement climatique mondial.

L'égalité: c'est la promotion une ville socialement inclusive. Les environnements urbains favorisent le développement personnel d'une manière qui, pour beaucoup, est liée à l'espoir de meilleures conditions de vie et de la mobilité sociale. Les villes sont des lieux où les changements sociaux ont lieu, où les jeunes peuvent facilement en mesure de développer leur plein potentiel

Sécurité: Une ville sécurisée favorise le développement et la démocratie. Des mesures de prévention contre la violence urbaine et la criminalité produisent la stabilité sociale et économique. La sécurité dans les villes est une préoccupation essentielle de la politique de développement, car elle supporte une communauté inclusivement sociale où les principes démocratiques retentissent.

Gouvernance: La bonne gouvernance s'applique de manière tangible dans les villes. Les administrations municipales prennent des décisions qui ont une incidence directe et positive sur la vie des citoyens. La bonne gouvernance se repose sur la croissance de l'économie, la réduction de la pauvreté, la reddition des comptes, la démocratie, la transparence et un système de finances publiques efficace (Alexis, 2011, p. 211).

Urbanité : Les villes sont des catalyseurs innovants pour le développement. Elles fournissent un environnement créatif pour les innovations sociales, économiques et politiques.

Coopération économique: Les entreprises s'établissent pour la plupart dans les villes et fleurissent à partir de la nature de l'environnement. Le secteur d'affaires est partie prenante dans les décisions publiques et appuient les initiatives en lien avec la modernisation de l'infrastructure et l'administration.

L'Agenda Politique Et Economique

Les villes peuvent jouer un rôle catalytique dans le renforcement des bases du développement économique du pays en adoptant des initiatives qui incitent la création d'emplois. Des villes américaines comme Miami, New York, Los Angeles, Cleveland, San Antonio, San Francisco, Boston... etc. sont d'importants acteurs dans l'économie américaine. La création d'emplois et la fourniture efficace des services publics font partie des responsabilités des commissions communales.

Michael Porter, Professeur à Harvard Business School, rapporte que l'économie américaine, n'est rien que l'image des économies métropolitaines (Liu, 2016). Il soutient que chaque économie locale est organisée autour des industries spécialisées, des mains d'œuvre distinctes et d'un marché d'immobiliers qui définissent leur économie et déterminent leurs richesses (Liu, 2016). Le rôle du gouvernement central et régional, explique Liu, consiste à établir les institutions nécessaires pour canaliser les activités économiques. Cependant, note Liu, l'échec ou le succès de l'économie locale dépend strictement du leadership local.

Selon Ronald D. Utt, la dégradation d'une ville provoque la migration de ses habitants vers d'autres endroits où il y a une meilleure qualité de vie. De plus, entreprises et emplois départent de la ville vers les régions les plus affluentes (1998, p. 1). Les villes qui offrent d'excellents services publics et un meilleur environnement présentent une meilleure alternative de vie (Utt, 1998, p. 1). En fait, l'amélioration de l'espace urbain est une condition sine qua non à la rétention et à l'augmentation de la population.

Les Caractéristiques d'un Gouvernement Local Moderne

Un gouvernement moderne est défini par certains critères bien déterminés dont la *capacité organisationnelle,* un enjeu important dans la promotion des bonnes « pratiques managériales » (Nalbandian, J., 2007, p. 190). Une ville moderne est reconnue par sa « capacité administrative » à fournir des services publics efficaces aux usagers (Nalbandian, J., 2007, p. 190). A l'efficacité s'associent, ajoute Nalbandian, l'utilisation efficiente des ressources et l'innovation dans les politiques publiques. En fait, le gouvernement local doit cultiver une image crédible, responsable, consciente et soucieuse (Nalbandian, 2007). En résumé, pour Nalbandian, une ville moderne est celle qui peut :

1. *Connecter le processus administratif aux objectifs stratégiques ;*
2. *Intégrer les systèmes du personnel et des finances;*

3. *S'organiser pour résoudre les problèmes ;*
4. *Décentraliser la prise de décision en vue d'aboutir à une réponse personnalisée dans un délai approprié;*
5. *S'orienter vers le marché et la compétition, incluant la privatisation;*
6. *Privilégier les innovations liées à la technologie de l'information;*
7. *Atteindre des résultats liés à une performance de mesure testée;*
8. *Evaluer la performance produite pour atteindre l'objectif visé ;*
9. *Promouvoir la performance budgétaire;*
10. *Encourager la flexibilité dans l'organisation des tâches et des mesures affectant le personnel. (2007, p. 190).*

Dans le souci de moderniser sa capacité administrative, un gouvernement local doit chercher à unir ses politiques publiques et sa bureaucratie aux « perspectives des organisations de base » (Nalbandian, 2007, p. 192). Dans certaines municipalités à travers le monde, les officiels utilisent le concept citizen's panel (commission citoyenne) dont le rôle consiste à contribuer à l'articulation d'un plan de développement pour la ville. A Lewisham, Royaume Uni, le gouvernement local utilise le canal du sondage pour obtenir les opinions des citoyens sur les services qui leur intéressent (Nalbandian, 2007). En Haïti, le Décret du 1er février 2006 - amendé en 2013 par une Proposition de loi approuvée par la Chambre du Senat – introduit le concept de Conseil de Développement qui aide à réfléchir sur les grandes lignes des alternatives locales.

En conclusion, des politiques publiques cohérentes adoptées au niveau local et national peuvent servir de levier pour enrayer les racines de la pauvreté grâce au développement économique, la bonne gestion, le leadership, et la modernisation institutions locales.

IX
Conclusion et Propositions

Une plan décentralisation réussi s'articule autour de deux variables: « *le background du pays et le processus* » (Jütting et al, 2004, p. 11). En termes de background, le texte de Jütting se réfère à l'image générale du pays, à la capacité des officiels locaux, aux institutions sociales et à la structure du pouvoir politique. Ici, il est démontré que le succès de la décentralisation est lié à la densité de la population, aux infrastructures, au pouvoir économique des gens, à la reddition des comptes et l'exécution des lois et à la séparation des pouvoirs (check and balance).

Le processus de décentralisation, soutient Jütting, englobe « la volonté et le dévouement des acteurs de poursuivre les réformes appropriées, la transparence et la participation », d'empêcher à l'élite d'influencer les débats, d'attaquer les causes de la corruption et d'établir « la cohérence dans le cadre de la politique publique » (2004, p. 12).

Un cadre de décentralisation bien défini tient d'abord à éliminer tout signe d'ambiguïté à propos du partage des responsabilités du pouvoir central, du rôle des bureaux déconcentrés et des missions des pouvoirs décentralisés. Dans certains pays, le fractionnement des tâches entre les autorités centrales et locales commande toute réflexion portant sur la décentralisation.

La décentralisation catégorise les responsabilités, les limites et les missions du pouvoir central et des collectivités territoriales. Développer l'ensemble du territoire et fournir des services à tous les citoyens ne peut pas se réaliser seulement dans les ministères à Port-au-Prince. Il faut impliquer les acteurs locaux à travers une structure décentralisée bien coordonnée qui se repose sur un plan cohérent et unitaire.

La décentralisation établit les fonctions de chaque stratification gouvernementale en ce qui concerne *l'environnement, l'aménagement et l'entretien des routes, la santé, l'éducation, la protection sociale, la sécurité, la construction, les transports publics, l'agriculture et l'urbanisme.*

La décentralisation efficace se réalise sur trois volets faute de quoi toute perspective de développement est échoué: politique, administratif et fiscal.

Sur le plan politique, elle confère aux collectivités territoriales le droit d'organiser des élections pour élire les leaders de leur choix hors des contraintes du pouvoir central en fonction des dispositions légales régissant le domaine. Les autorités centrales sont intervenues seulement en cas de violation des lois nationales ou les ordonnances, ou bien pour supporter les institutions locales. La loi sur la décentralisation prescrit les conditions qui peuvent engendrer l'intervention du centre dans les affaires locales.

La décentralisation administrative appelle à un partage des services publics entre l'administration centrale et les collectivités territoriales. La loi doit élaborer clairement la latitude de chaque branche afin d'éviter des conflits. A titre d'exemple, dans beaucoup de pays, l'éducation, la santé, la protection des vies et des biens et les services portant sur le bienêtre social relèvent des prérogatives locales sous la dictée de la vision et des lois nationales[21]. C'est pourquoi le gouvernement central établit des dotations pour aider les gouvernements locaux à exécuter les exigences imposées par les politiques publiques de portée nationale.

La décentralisation fiscale accorde aux juridictions locales le pouvoir de prélever des taxes pour la mise en exécution de leur budget. La loi sur

---

[21] Aux Etats-Unis, éducation, la santé, et les services de la police sont financés et fournis par les autorités locales. Les gouvernements reçoivent des subventions du gouvernement fédéral et des Etats. Les dépenses locales sont en majeur partie exécutées à partir des taxes locales.

la décentralisation décrit les revenus appartenant aux gouvernements locaux. Les sources de revenus disponibles aux CT sont généralement *les impôts sur les propriétés bâties et non bâties* et les frais déterminés par la loi nationale et les ordonnances locales. Dans certains cas, la loi établit le taux du prélèvement sur les propriétés. Cependant, il est important de souligner que les CT doivent exercer la prudence dans leurs dépenses du fait que la loi leur interdit de recourir aux prêts pour s'acquitter de leurs responsabilités ordinaires.

En s'appuyant sur la loi en vigueur, les collectivités territoriales peuvent entamer des prêts pour exécuter les projets à long-terme. Cependant, la loi fixe les conditions dans lesquelles ces prêts doivent être réalisés. Ces contraintes sont nécessaires pour éviter que les juridictions locales soient sombrées dans la dette, ce qui peut impacter l'ensemble de l'économie nationale.

Quand une collectivité locale devient insolvable ou fait face à des défis financiers graves, l'intervention du gouvernement central devient inévitable. Dans cette optique, l'administration exerce un contrôle de nature financière sur les finances locales à travers des audits et d'autres mécanismes mis en place par la loi.

En termes de compétences et d'obligations conférées par le gouvernement central aux gouvernements locaux, l'Etat central est responsable de leur coût à travers des subventions et transferts.

Les CT obtiennent une part des taxes prélevées par le gouvernement central sur les ports et aéroports et d'autres activités économiques retrouvées dans leurs limites géographiques. Ces montants sont fixés par les autorités nationales. Les transferts peuvent être effectués par un autre niveau de juridiction ; c'est le cas où les Communes partagent les taxes foncières avec les *Sections Communales.*

Certains pays placent une restriction sur la flexibilité des CT surtout en matière fiscale. Le pouvoir central exerce, certes, sa fonction de contrôle sur tout le territoire en matière de finances, mais cet exercice s'accomplit dans le respect des règles définissant ses limites. Dans un contexte politique, le président haïtien veut toujours s'ériger en véritable roi en dictant ses propres lois afin de consolider et sauvegarder son pouvoir et rémunérer ses entourages. Dans un Etat échelonné, ses manœuvres rétrogrades peuvent constituer un accroc sévère à l'évolution du mécanisme de décentralisation. Elles doivent être stoppées.

La Décentralisation et la Réforme de l'Etat

La décentralisation rentre dans le cadre général de la réforme et de la refondation de l'Etat. Elle présente l'occasion favorable de repenser l'avenir d'Haïti dans un contexte économique, social, politique, administratif et environnemental. Elle ne doit pas être conçue dans un esprit indécis, mais plutôt elle doit être un projet national réfléchi,

concerté, négocié, planifié, résolu et calculé. La
législation sur la décentralisation a pour objectif de
fixer la vision à atteindre. Donc elle correspond
généralement au développement du territoire
national tout en activant toutes les forces et
ressources du pays.

Le développement réel d'Haïti se réalisera à
partir de l'évolution, de la gestion efficace et de la
croissance économique de toutes les collectivités
territoriales. Aucun changement durable et
transcendant n'est possible en Haïti sans d'abord la
mise en valeur des départements, des communes et
des sections communales. Comment peut-on prôner
le développement d'Haïti pendant que nos lois et nos
attitudes trépignent le potentiel, l'innovation et les
brillants esprits des provinces.

La vision tiendra compte, premièrement, de
quelle Haïti on veut construire et, deuxièmement, du
rôle des collectivités territoriales dans la poursuite
de cette vision. D'où la nécessité de réorganiser les
structures politiques et administratives pour que
puisse naitre une Haïti prospère.

Durant les 20 dernières années, les politiciens
ont tenté de doter Haïti d'un cadre de
décentralisation. Cependant, le processus a été
pollué par plusieurs facteurs négatifs, à savoir
l'instabilité politique, les démarches archaïques et le
manque de détermination des acteurs.

Premièrement, au retour du Président Jean
Bertrand Aristide de son premier exile en 1995, on

De La Pauvreté A La Prospérité

pouvait noter des expressions politiques s'alignant à la décentralisation. En plus, le Décret de 2005 venait s'adjoindre à ces démarches. Il a posé les jalons nécessaires pour démarrer les discussions sur le besoin de décentraliser le système administratif, politique et fiscal du pays. Et pourtant, une montagne de résistance l'a engourdi. Son échec est lié au fait qu'il a été l'œuvre d'un gouvernement provisoire. L'un des maux d'Haïti réside dans le manque de continuité et de cohérence dans les actes de l'Etat.

Deuxièmement, en 2013, les Sénateurs ont voté une proposition de loi qui avait été introduite par l'ancien Sénateur Jocelerme Privert[22]. La Chambre des Députés ne l'a pas considérée. Aujourd'hui, avec toutes les mutations qui ont marqué la classe politique haïtienne, l'avenir de cette proposition de loi est imprévu.

Le mouvement de décentralisation déclenché par la Constitution de 1987 doit être poursuivi pour

---

[22] Le 14 février 2016, Jocelerme Privert a été élu Président Provisoire de la République par l'Assemblée Nationale à la suite d'un Accord Politique entre le président sortant, Michel Martelly, et le Sénat de la République. A la suite de l'échec des élections prévues pour le 24 janvier 2016, Michel Martelly a suivi l'ordre constitutionnel en partant du Palais National le pouvoir le 6 février 2016. La Constitution haïtienne amendée en son Article 149 autorise le Parlement à remplir les fonctions d'élire un président provisoire avec la mission d'organiser l'élection présidentielle.

assurer que les citoyens des quatre coins du pays bénéficient des prestations publiques adéquates et pour promouvoir le développement économique. Il est important de redémarrer ce processus en considérant d'abord les acquis réalisés. Ensuite, faut-il analyser, évaluer et corriger les faiblesses qui ont marqué les premières tentatives.

Tout processus de décentralisation doit impliquer les populations locales, la société civile et les organisations à objectifs non lucratifs. La décentralisation ne peut pas être un mouvement de haut en bas (top down). Elle doit chercher à incorporer les opinions des gens qui seront affectés par les changements. Partant, il doit épouser une forme ascendante.

Propositions

La parcellisation du territoire national en collectivités territoriales autonomes et responsables doit être une œuvre réfléchie qui passe l'examen de la compréhension de toutes les forces du pays. Ce mouvement portera le sceau d'un consensus profond qui lui donnera une assise solide et permanent. Toutes les couches sociales doivent s'exprimer autour du projet. Dans ce contexte, pour mener à bien la décentralisation en Haïti, nous tenons à formuler les propositions suivantes:

1. *La formation d'un comité national chargé d'étudier notre environnement culturel, social, politique et économique afin de déterminer la forme et nature de la décentralisation qui nous conviendrait mieux. La décentralisation épouse une image différente dans presque chaque pays.*
Une comparaison entre les stratifications géographiques dans certains pays nous aiderait à élaborer un plan de décentralisation adapté à la réalité haïtienne à la lumière de la Constitution haïtienne. En fait, les travaux déjà réalisés doivent être inclus dans cette première phase. Dans ce contexte, un modèle exemplaire à considérer serait la décentralisation adoptée en Ouganda, au Mexique ou en Bolivie;

2. *Le comité entamera une série de rencontres avec toutes les parties prenantes, c'est-à-dire, les parlementaires, les maires, les ministres, les délégués, les organisations de base, la société civile, la presse, les professeurs des universités privées et publiques, les partis politiques, les organisations professionnelles et les acteurs économiques, pour obtenir leurs opinions;*

3. *Le comité entamera des sondages, des forums, des tables rondes et des conférences sur le topic pour recueillir les opinions de la population;*

4. *Le comité présentera un Rapport au Président de la République et au Parlement. La législation sur la décentralisation résultera de ce Rapport. Ce rapport fournira les détails sur l'état physique et sur le potentiel économique des collectivités territoriales.*

5. *Le Parlement utilisera l'étude de la commission pour préparer la législation portant sur la décentralisation;*

6. *La création d'un organe indépendant pour exécuter et contrôler l'implémentation de la législation en question;*

7. *Etablir le mécanisme pour valoriser les capacités managériales des leaders locaux à travers l'éducation et le recyclage continu ;*

8. *L'application des principes de bonne gouvernance au niveau des collectivités territoriales;*

9. *L'utilisation des technologies de l'information pour faciliter la communication rapide, l'accessibilité aux informations et la productivité des institutions locales;*

10. *Le suivi et l'évaluation, enfin, doivent être prévus à partir d'un calendrier reparti sur une période précise. Il faut remarquer que le processus d'une*

décentralisation réussie et satisfaisante exige le temps et une planification rigoureuse. Cette phase permettra d'apporter les corrections nécessaires pour sécuriser un projet final viable.

Actuellement, la question des collectivités territoriales est traitée au Ministère de l'Intérieur, d'où le nom : *Ministère de l'Intérieur et des Collectivités Territoriales.* Dans ce contexte, l'administration des ordres locaux suit le sort instable d'un ministère placé sous les emprises politiques de Port-au-Prince. De plus, la gouvernance locale sera soumise aux décisions adoptées depuis le Ministère de l'Intérieur. Ces décisions ne refléteront nullement les réalités exprimées sur le terrain. La formule la plus efficace est la formation d'une commission indépendante et la constitution d'un organe indépendant dont la mission engloberait l'exécution de la législation portant sur la décentralisation et la modernisation des juridictions locales.

Enfin, le pragmatisme nous oblige à reconnaitre l'échec accablant de la centralisation et de ses facteurs en Haïti. Comment peut-on nier les vastes assauts sanglants de la centralisation sur la société ?

Le 12 janvier 2010, un tremblement de terre a frappé Port-au-Prince et a engendré la mort des milliers de gens et des dommages évalués à des millions de dollars américains. Et pourtant, l'Etat haïtien a recommencé de rebâtir sans tenir compte de l'avenir. Il est important que l'Etat haïtien repense les objectifs des interventions publiques pour confronter les défis du XXIe Siècle.

La culture de centralisation associée à Haïti s'est révélée stérile. Elle ne répond pas aux attentes d'une société en mouvement. Les départements géographiques et les communes ont subi une détérioration morbide sur le plan physique, social et économique. Pour sauver la Première République Noire et réintroduire notre fierté dans le monde, nos leaders doivent prioriser, entre autres, la décentralisation et les contextes de gestion contemporains et novateurs qui supporteront le développement socioéconomique et la prospérité de manière globale et inclusive. Aujourd'hui, c'est le moment idéal de formuler de nouveaux objectifs et une nouvelle vision pour entreprendre d'emblée une action offensive et vigoureuse contre la pauvreté et le sous-développement afin de rebâtir une Haïti **prospère** et résistante.

Références

Alexis, M. (2011). Le nouvel état haïtien: moderniser l'administration publique pour la bonne gouvernance – Théories, principes et applications. United States : Xlibris

Aoki, E. (2008). Entangled Democracy, decentralization and lifeworld in Flores under global trends. Dans Saito, F. (2008). *Foundations for local governance: Decentralization in comparative perspective* (48-74). DOI: 10.1007/978-3-7908-2006-5.

Ayee, J. R.A. (2008). The balance sheet of decentralization in Ghana. Dans Saito, F. (2008). *Foundations for local governance: Decentralization in comparative perspective* (233-258). DOI: 10.1007/978-3-7908-2006-5.

Azfar, O., Livingston, J. et Meagher, P. (2006). Decentralization in Uganda. Dans Bardhan, P. et Mookherjee, D. (Dir.) (2006). *Decentralization and local governance in developing countries* (223-255). Cambridge, The MIT Press.

Banovetz, J. M (1971). The developing city. Dans Banovetz, J. M. (Dir.) (1971). Managing the modern city (3-17). Washington, International City Management Association.

Banovetz, J. (1998). The nature of local government. Dans Banovetz, J. (dir.) (1998). Managing local government: Cases in

decision making (3-9), 2eme ed., Northern
Illinois University.

Bardhan, P. et Mookherjee, D. (2006). The rise of
local governments: An overview. Dans
Bardhan, P. et Mookherjee, D. (Dir.) (2006).
*Decentralization and local governance in
developing countries* (1-52). Cambridge, The
MIT Press.
Bardhan, P. et Mookherjee, D. (Dir.) (2006).
*Decentralization and local governance
in developing countries* (126-151).
Cambridge, The MIT Press.
*Belanger, G. (2003). Peut-on décentraliser la
centralisation* ? Optimum online. Tiré le 24
mars 2014 du site d'internet:
http://www.optimumonline.ca/print.phtml?la
ng=french&id=171.
Bérubé, A. (2012). How global cities adapt to global change.
Brookings Institution. Page consultée le 12 décembre
2012 sur le site Brookings Institution:
http://www.brookings.edu.
Bérubé, P. (2000). « La restructuration interne des États:
faits et tendances dans les pays de l'OCDE. Télescope,
volume 7, numéro 1. Page consultée le 12 décembre
2012 sur le site internet:
http://www.telescope.enap.ca/Telescope/docs/Index
1994_2004/2000-mars-vol7num1.pdf.

Bird, R. M. (2001). Setting the stage: Municipal and intergovernmental finance. Dans Freire, M. et Stren, R. (2001). *The challenge of urban government policies and practices (113-128)*. The World Bank Institute, Washington, D.C.
Bird, R. M. (1993). "Threading the fiscal labyrinth: some issues in fiscal decentralization." National Tax journal: No. 2, Vol. 46, pp. 207-227.

Bird, R. M. et Rodriguez, E. R. (1999). Decentralization and poverty alleviation: International experience and the case of the Philippines. Public Administration and Development. DOI: 10.1002/ (SICI) 1099-162X (199908)19:33.0.CO; 2-L · Source: OAI. Site internet consulté le 3 mars 2016.
Bockmeyer, J. (2007). Building the global city – the immigrant experience of urban revitalization. Dans Hambleton, R. et Gross, J. S. (Dir.) (2007). *Governing cities in a global era: Urban innovation, competition, and democratic reform (177-188). New York, Palgrave Macmillan.*
Bossuyt, J and Gould, J. (2000). Decentralization and poverty reduction: Elaborating the linkages. Centre Européen de Gestion des Politiques de Développement. Tiré le 3 mars 2016 du site internet: http://www.hubrural.org/IMG/pdf/ecdpm-decentralization-and-poverty-reduction.pdf.

Brown, F. G. (1974). Goals: where local government is going. Dans Powers, S. P., Brown, G. F. et Arnold, D. S. (Dir.) (1974). Developing the municipal organization (51-111). Washington, International City Management.

Bryce, J. (1888). The working of city governments. Dans Murin, W. J. (Dir.) (1982). *Classics of Urban Politics and Administration (2-11). Illinois, Moore Publishing Company.*

Cadet, Charles L. (2001). Haïti face aux défis de la décentralisation (Rapport de diagnostic et cadre d'orientation stratégique en vue de la définition de politiques publiques). Commission Nationale a la Réforme Administrative Port-au-Prince. Tiré le 6 juin 2012 de http://haiticci.undg.org/uploads/04.%20Haiti%20face%20aux%20d%C3%A9fis%20de%20la%20d%C3%A9centralisation.pdf.

Cheema, G. S. et Rondinelli, D. A. (2007). From government decentralization to decentralized governance. Dans Cheema, G. S. et Rondinelli, D. A. (2007). *Decentralizing governance: Emerging concepts and practices.* Brookings Institution Press.

Cohen, J. M. et Peterson, S. B. (1999). Administrative decentralization: Strategies for developing countries. Connecticut, Kumarian Press.

Commission Nationale à la Réforme Administrative (Mars 2002). Vocations et compétences des collectivités territoriales – Document de travail No. 5. Obtenu le 11 novembre 2011 de la page: http://haiticci.undg.org/uploads/09_Vocation %20et%20competences%20des%20Collectivit es%20Territor.pdf.

Crawford, C. et Hartmann, C. (Dir.) (2008). Introduction: Decentralization as a pathway out of poverty and conflict? Dans Crawford, C. et Hartmann, C. (Dir.) (2008). Decentralization in Africa: Pathway out of poverty and conflict? Amsterdam, University Press.

de Mello, L. (2010). Does fiscal decentralization strengthen social capital?: Cross-country evidence and the experiences of Brazil and Indonesia. OECD Economics Department Working Papers, No. 825, OECD Publishing. http://dx.doi.org/10.1787/5km347ntdnxn-en.

Divay, G. (2012). « Décentralisation ». Dans L. Cote et Savard, J.-F (Dir.) (2012). Le Dictionnaire encyclopédique de l'administration publique (en ligne), tire le 14 novembre 2013 du Site internet : www.dictionnaire.enap.ca.

Donedu, J. (2011). Quelles missions et quelle organisation de l'Etat dans les territoires? Rapport du Conseil Economique, Social et Environnemental, les Editions des Journaux Officiels, France.

Ebel, R. D. et Vaillancourt, F. (2001). Fiscal decentralization and financing urban governments: Framing the problem. Dans Freire, M. et Stren, R. (2001). *The challenge of urban government policies and practices (155-170)*. The World Bank Institute, Washington, D.C.

Escobar-Lemmon, M. C. (2006). Executives, legislatures, and decentralization. Policy Studies Journal, vol. 34, no. 2. pp. 245-263. Tire du site internet: http://go.galegroup.com.ezproxylocal.library. nova.edu/ps/i.do?id=GALE%7CA147060030& v=2.1&u=novaseu_main&it=r&p=GPS&sw= w.

Faguet, J. P. (2008). Decentralizing Bolivia: Local government in the jungle. Dans

Gash, T., Randall, J., and Sims, S. (2014). Achieving Political Decentralization: Lessons from 30 years of attempting to devolve political power in the UK. Institute for Government. Tiré du site web: http://www.instituteforgovernment.org.uk/sit es/default/files/publications/Decentralisation Paper%20-%20FINAL_0.pdf le 24 mars 2013.

Goodnow, F. J. (1910). The city as an organ of government. Dans Murin, W. J (Dir.) (1982). *Classics of urban politics and administration (11-19). Illinois, Moore Publishing Company.*

Government Accountability Office (2012). Grants to State and local governments: An overview of

federal funding levels and selected
challenges. Washington.
Gramlich, E. M. (1993). A policymaker's guide to
fiscal decentralization. National
Tax Journal, vol. 46, no. 2, pp. 229-235. Tiré
le 10 octobre 2014 du site internet,
http://www.ntanet.org/NTJ/46/2/ntj-
v46n02p229-35-policymaker-guide-fiscal-
decentralization.pdf.
Grindle, M. S. (2007). Local governments that
perform well: Four explanations.
Dans Cheema, S. G et Rondinelli, D. A (Dir.)
(2007). *Decentralizing governance: Emerging
concepts and practices* (56-71). Brookings
Institution Press.
Gross, J. S. et Hambleton, R. (2007). Global Trends,
diversity, and local democracy. Dans
Hambleton, R. et Gross, J. S. (Dir.) (2007).
*Governing cities in a global era: urban
innovation, competition, and democratic
reform (1-12). New York, Palgrave
Macmillan.*
Hambleton, R. (2007). New leadership for
democratic urban space. Dans Hambleton, R.
et Gross, J. S. (Dir.) (2007). *Governing cities
in a global era: urban innovation, competition,
and democratic reform (163-176). New York,
Palgrave Macmillan.*
Harilal, K. N. (2008). Redesigning local governance
in India: Lessons from the Kerala experiment.
Dans Saito, F. (2008). *Foundations for local
governance: Decentralization in comparative*

perspective (75-92). DOI: 10.1007/978-3-7908-2006-5.

Humes, S. et Martin, E. (1969). The Structure of local government. The Hague, International Union of Local Authorities.

Jütting, J, Corsi, E. et Stockmayer, A. (2005). Décentralisation et réduction de la pauvreté. Repères # 5, OCDE. Consulté le 20 juin 2012 du site web : http://www.oecdilibrary.org/docserver/downlo ad/fulltext/5kzsvqn8hwg3.pdf?expires=13402 00886&id=id&accname=guest&checksum=07 C8d625228D088BC6C36A4125100796.

Jütting, J. et al. (2004). Decentralization and poverty in developing countries: exploring the impact. OECD Development Center, Paris. Document de Travail No. 236.

Leinberger, C. B. (2005). Turning around downtown: twelve steps to revitalization. The Brookings Institution, Washington.

Liu, A. (2016). Why economic development matters. Brookings Institution. Tiré le 18 mars 2016 du Site Internet : http://www.brookings.edu/blogs/the-avenue/posts/2016/03/07-economic-development-matters-liu.

McMillan, M., Dahlby, B. (2014). *Do local governments need alternative source of tax revenue? An assessment of the options for Alberta Cities. Vol. 7, issue 26, The School of Public Policy – SPP Research Papers, University of Calgary, Canada.*

Moision, A. (2012). Introduction. Dans Moision, A. (Dir.) (2012). Rethinking local government: Essays on municipal reform (1-13). Valtiontaloudellinentutkimuskeskus Government Institute for Economic Research, Helsinki, Finland.

Moreau, B.D. (2011). "Les répertoires des métiers et les référentiels de compétences dans la fonction publique territoriale: une mutation en marche". Telescope, vol. 17, No. 3, p. 176-191.

Moulton, J. (1999). Ten steps to a living downtown. The Brookings Institute, Center on Urban and Metropolitan Policy, Washington.

Müller, G. (2014). Managing urbanization: towards sustainable cities. Federal Ministry for Economic Cooperation and Development (BMZ), Allemagne. Page consultée le 14 mai 2014 sur le site internet: http://www.bmz.de/en/publications/type_of_p ublication/information_flyer/information_bro chures/Materialie237_Information_Brochure 3_2014.pdf.

Muwonge, A. et Ebel, R. D. (2014). Intergovernmental finances in a decentralized world. Dans Farvacque-Vitkovic, C. et Kopanyi, M. (Dir.) (2014), pp. 1-39). Municipal finances: a handbook for local government. Washington, D.C., The World Bank.

Nalbandian, J. (2007). Professionals and the conflicting forces of administrative modernization and civic engagement. *Governing cities in a global era: urban innovation, competition, and democratic reform (189-198)*. New York, Palgrave Macmillan.

Norton, A. (1994). International handbook of local and regional government: a comparative analysis of advanced democracies. Brookfield, Edward Elgar.

OECD (2007). Tirer le Maximum de la décentralisation du secteur public. In OECD (2007). Etudes économiques de L'OECD : Corée 2005. OECD publishing. DOI: 101787/eco_surveys-kor-2005-5-fr.

OECD (2001). Devolution and globalization: Implication for local decision-makers. OCDE (2007). Etudes économiques de l'OCDE: France 2007. DOI: 10.1787/eco_surveys-fra-2007-7-fr.

Olivier, L. J. (2014). La Cour Supérieure des Comptes fait le grand nettoyage après la bombe de Nonie Mathieu. Le Nouvelliste, 2014. Page consultée le 12 mai 2014 sur le site internet: http://lenouvelliste.com/lenouvelliste/articleprint/13085 6.html.

Osborne, D. et Gaebler, T. (1992). Reinventing Government: How the Entrepreneurial Spirit Is Transforming the Public Sector. Reading, MA, Addison Wesley

Programme-Cadre de Réforme de l'Etat 2012-2-17. Office de Management et des Ressources Humaines. Consulté le 10 septembre 2014 sur le Site internet : http://www.omrh.gouv.ht/upfiles/ Documents /LoisEtDecrets/Programme Cadre.pdf.

Progressio (2012). Repenser Localement Haïti : Perspective de la Société Civile sur la Décentralisation. Consulté le 2 février 2016 du Site internet: http://www.progressio.org.uk/sites/progressio .org.uk/files/Repenser-Localement-Haiti.pdf.

Rotenberg, R. I. (2004). The failure and collapse of Nation-States: Breakdown, prevention, and repair. Dans Rotenberg, R. I. (Dir.) (2004). *When States fail: Causes and consequences* (1-45). Princeton, Princeton University Press.

Saito, F. (2008). Decentralization and local governments: Introduction and overview. Dans Saito, F. (2008). *Foundations for local governance: Decentralization in comparative perspective* (1-24). DOI :10.1007/978-3-7908-2006-5.

Saito, C. et Kato, R. (2008). Contrasting experiences of decentralization in two states in India. Dans Saito, F. (2008). *Foundations for local governance: Decentralization in comparative perspective* (93-111). DOI:10.1007/978-3-7908-2006-5.

Scott, Z. et Alam, M. (2011). Resource guide on decentralization and local government. Commonwealth Secretariat, United Kingdom.

Saunders, R. J. (1974). The realities of local government. Dans Powers, S. P., Brown, G. F. et Arnold, D. S. (Dir.) (1974). Developing the municipal organization (7-22). Washington, International City Management.

Stren, R. (Dir.) (2001). Financial Management – Revenue Raising. Dans Freire, M. et Stren, R. (2001). *The challenge of urban government policies and practices (151-154)*. The World Bank Institute, Washington, D.C.

Thibault, A. (1999). Les réformes administratives et les rôles des citoyens. Télescope, Vol. 6, No. 1. Tiré le 20 août 2012 du Site internet : http://www.telescope.enap.ca/Telescope/docs/Index/1994_2004/1999-mars-vol6num1.pdf

Tikson, D. T. (2008). Indonesia towards decentralization and democracy. Dans Saito, F. (2008). *Foundations for local governance: Decentralization in comparative perspective* (25-46). DOI: 10.1007/978-3-7908-2006-5.

Treisman, D. (2007). The architecture of government: Rethinking political decentralization. New York: Cambridge University Press.

Tsukamoto, T. et Vogel, R. (2007). Rethinking globalization – The impact of central governments on world cities. Dans Hambleton, R. et Gross, J. S. (Dir.) (2007). *Governing cities in a global era: Urban innovation, competition, and democratic reform (15-31)*. New York, Palgrave Mc Millan.

Vanolo, A. (2013). Smart mentality: the smart city as disciplinary strategy. Tiré du Site internet http://www.eukn.org/dsresource?objectid=335 20.

Weinstein, B. et Segal, A. (1992). Haiti: The failure of politics. New York, Praeger.

Wittenberg, M. (2006). Decentralization in South Africa. Dans Bardhan, P. et Mookherjee, D. (Dir.) (2006). *Decentralization and local governance in developing countries* (329-355). Cambridge, The MIT Press.

World Bank (2008). Decentralization in client countries: An evaluation of World Bank support, 1990-2007. Washington, World Bank. Consulté le 14 octobre 2012 sur le Site internet: http://lnweb90.worldbank.org/oed/oeddoclib.n sf/DocUNIDViewForJavaSearch/CB108AC5 A1CACD30852574EF0050139B/$file/decentr alization_eval.pdf.

Yatta, F-P. (2000). La décentralisation financière en Afrique: Succès, problèmes et contraintes. Dans OECD/Sahel and West Africa Club (2002). Ecoloc, Gérer l'économie localement en Afrique : Evaluation et perspective. OECD publishing. DOI: 10.1787/9789264063242-fr.

Governance of Metropolitan Regions: *European and Global Experiences*. Workshop on the "Governance of Metropolitan Regions in Federal Systems". Brussels, 20-21 June 2011. Obtenu le 6 juin 2012 du Site internet: http://www.purpleu.org/uploads/downloads/news/Consolidated%20version%20-%20Metropolitan%20Governance%20-%20final.pdf

(2014). Managing urbanization towards sustainable cities. Federal Ministry for Economic Cooperation and Development (BMZ), Germany.

De La Pauvreté A La Prospérité

De La Pauvreté A La Prospérité